- 国家自然科学基金项目 (51178095)
- 江苏高校品牌专业建设工程资助项目

老得其所

城市既有社区适老化更新策略研究：以南京为例

鲍 莉 张玫英 等 著

东南大学出版社·南京

内 容 简 介

人口老龄化是 21 世纪全球性社会难题,但在中国情况尤其特殊。本书出版受到国家自然科学基金项目"城市智慧型社区居家养老居住模式实证研究"(51178095)及"江苏高校品牌专业建设工程资助项目"支持,以南京市为例,针对最适合中国国情的"社区居家养老"居住模式展开策略性研究。借助社会学、环境行为学的研究方法,在大量一手问卷与数据的统计分析之上,通过实证调查总结老年人的养老现状、户外活动特征、居家养老服务设施与服务空间的特点,从现状研究、空间更新到技术设施等不同层面,提出针对城市既有社区的系列适老化更新的设计策略与技术方法,为应对城市老龄化问题提供建筑学维度的思考与参考。

本书可供建筑学及城市规划专业人员、从事社会学研究的学者以及城市建设、社会福利相关机构管理人员阅读。

图书在版编目(CIP)数据

老得其所 城市既有社区适老化更新策略研究:以南京为例/鲍莉,张玫英等著. — 南京:东南大学出版社,2016.6

ISBN 978-7-5641-6309-9

Ⅰ.①老… Ⅱ.①鲍… ②张… Ⅲ.①养老—社区服务—研究—南京市 Ⅳ.①D669.6

中国版本图书馆 CIP 数据核字(2015)第 318693 号

老得其所 城市既有社区适老化更新策略研究:以南京为例

出版发行	东南大学出版社
社　　址	南京市四牌楼 2 号　邮编:210096
出 版 人	江建中
责任编辑	宋华莉
网　　址	http://www.seupress.com
经　　销	全国各地新华书店
印　　刷	南京玉河印刷厂
开　　本	787mm×1092mm　1/16
印　　张	8.75
字　　数	206 千字
版　　次	2016 年 6 月第 1 版
印　　次	2016 年 6 月第 1 次印刷
书　　号	ISBN 978-7-5641-6309-9
定　　价	48.00 元

本社图书若有印装质量问题,请直接与营销部联系。电话(传真):025-83791830

前言

人口老龄化是 21 世纪全球性社会难题,中国情况尤其特殊,老龄人口规模巨大,老龄化过快已成为严峻的社会现实。而有效应对我国人口老龄化,事关国家发展全局,事关亿万百姓福祉。

中国人口结构的转变,是在社会经济发展和生育政策的双重作用下产生的。经济发展,科技进步,生活水平显著提高,人口的预期寿命不断增长,而随着 20 世纪六七十年代生育高峰期出生的人口逐渐进入老年,加上长达 30 多年计划生育政策的执行,使得我国的人口老龄化进入了一个快速的上升通道。据民政部《2014 年社会服务发展统计公报》统计,2014 年我国 60 岁以上的老年人口已经达到 2.12 亿,占总人口的 15.5%,这一比例较之 2010 年全国老龄委的预测提前了一年达到。到 2030 年前后我国将进入老龄化高峰,预计年均增长 800 万,直至 2050 年达到峰值 4.37 亿,约占总人口数的 1/3。而不同于西方国家自然发展的老龄化过程,中国仅用不到 20 年时间就走过西方国家几十年甚至上百年的"变老"之路。快速老龄化不仅意味着失去劳动人口红利,同时家庭代数减少,空巢家庭增多,使得整个社会的经济、生产、医疗及诸多方面都会受很大影响。

国家制定"十二五"规划(2011—2015 年)时即提出要"改善民生、提高社会保障",建设"和谐社会",如何确保如此庞大数量的老年人口"老有所依,老有所居,老有所乐,老有所医""幸福、有尊严"地安度晚年已成为全社会所面临的迫切问题。这其中,"老得其所"是首要的物质保障,也是城市快速发展中容易暴露的问题。针对于此,我们自 2012 年起,在国家自然科学基金等项目资助下,展开了以南京市为研究基地的针对既有社区的城市智慧型社区居家养老居住模式实证研究。希冀借助社会学、环境行为学等相关学科的研究方法,在获取大量一手信息与数据的基础之上,实证调查总结老年人的养老现状、户外活动特征、居家养老服务设施与服务空间的特点,探索针对城市既有社区的适老化更新设计策略与技术方法,为应对城市老龄化问题提供建筑学维度的思考与参考。

养老通常可以分为三种模式：依靠自身或家庭的家庭养老（在宅养老），借助社会福利及社会力量的机构养老以及综合两者的社区居家养老。社会学研究显示，中国虽是一个有着悠久的家庭养老传统的国家，"落叶归根"的传统文化观念使得老人大多选择在家养老。但由于诸多因素的影响，家庭养老处于资源不足的状态：生活观念的转变，家庭的结构核心化，规模日趋小型化，老少生活空间的分离使得子女照顾老人常常力不从心；计划生育国策的执行和年轻人生育观念的转变，独生子女与丁克家庭的出现，由于多种原因导致的大量空巢家庭的出现（"空巢老人"占老年人口比例已近50%），都使得照顾老人的人手（子女）数量、精力不断减少。这些都导致了传统家庭养老功能的急剧弱化。

而基于我国实际国情以及国外的经验教训，社会化机构养老也只能作为一种养老辅助方式。机构养老的建设成本与运营负担沉重，已在西方发达国家半个世纪来的实践中表露无遗。我国人口老龄化的一大特点就是"未富先老"，不仅仅是人均GDP低、个体经济保障不足，在其他方面诸如文化教育、卫生水平、产业结构、老年人收入结构、地区差别、专业人才等方面都尚未达到发达国家的水准。受思想观念、经济能力、专业人才等局限，机构养老无法成为当下的主体养老方式，其质量和数量在短时间内都远远不能满足绝大部分老年人的需要。

社区居家养老模式则综合了两者优势，是一种让老年人在宅居住并可共享社会化养老服务的养老模式，也就是要调动社会各方面的力量，构建一个最符合老年人意愿的以家庭为核心、以社区养老服务网络为支撑、以养老保险制度为保障的居家养老体系。社区居家养老模式有较完善的城市社区组织网络为基础，以社区为平台，发展居家养老服务，既符合联合国老年人原则和国际行动计划，也符合中国国情特点。社区居家养老大大节约了社会的养老成本，投资少、服务广、收益大、见效快，能减轻机构服务养老的压力，又能延长老人的在宅时日，满足老人对熟悉环境和人群交际的情感需求，同时可以充分利用原有的物质资源（住房、家具、耐用消费品和生活设施等）。老人可以按照自我意愿安排饮食起居，提高生活质量，减少开支，这一养老方式容易得到他们的接受与认同。社区居家养老是在我国社会经济发展大背景下的必然选择而非权宜之策，是基于传统家庭养老功能的弱化和社会化机构养老的缺陷而做出的新的养老选择。

《中国老龄事业发展"十二五"规划》提出了"建立以居家为基础、社区为依托、机构为支撑的具有中国特色的养老服务体系"正是对发展社区居家养老这一方向的肯定和引导。《中国老龄事业发展"十二五"规划》出台以来,中央及各级政府不断加大投入推动社会养老服务体系建设,加大对社区服务的政策支持力度,全国各省市也相继出台了老龄事业发展意见及养老服务实施细则,但主要偏重于社区性服务的完善,尚未涉及养老居住的改善。

不同于发达国家养老社会化比例相对较高的情形,目前我国城市中,尤其是城市中心区的老旧住区建设标准较低,房屋设施陈旧,社区公共服务配套不足,居住空间也不符合老年人居住的安全和便利需求。但大多数居住于此的老年人没有经济能力改善居住条件,仍需原地在宅养老。从住宅和居住者的全生命周期来看,针对原宅进行的更新既可以提升居住环境质量,也可以改善住宅的适用性、延长老人的在宅时间以满足居家养老的需求;从城市公共服务资源的统筹配置上看,在原有社区公共服务设施基础上进行针对性的适老化配置与完善在时间和经济两方面也都是效率较高的方式。因此对现有居住内外环境进行适老化更新,应是当下中国保障社区居家养老的合理趋势和有效措施。基于物联网、互联网技术,意在搭建养老信息服务平台的智慧养老手段可以为社区居家养老的居住模式提供强有力的技术支撑,从而将虚拟社区与实体物质空间相衔接,为居家老人提供专业智能、实时高效、低成本的养老服务。

近年来,国内建筑学学者对老年居住的关注热度持续上升,焦点也已突破以往针对住宅建筑设计及室内细部本身,而扩展到社区服务设施体系构建、居住空间行为需求与空间使用方式、老人生活质量评价指标体系乃至设施评价标准等方面。而其他相关学科如城市规划、社会学、人文地理、人口学等对老年问题的研究也是持续升温,研究的丰硕成果给我们提供了很多经验和参照。

社区居家养老居住是一个涉及多学科的研究命题,也是需要充分实证的研究。而地区差别及人群差异客观存在,研究对象的细分、不同群体对居住的差异性需求等也都需要借助定性定量相结合的科学手段来剖析和定义。为力求研究数据可靠、方法可行、成果可鉴,我们选择南京为研究基地,几年来持续深入地展开城市既有住区适老性更新问题的案例研究,先后走访调查了南京市四个主城区的几十个社区和各类养老服务设施，录入逾1600份调查问卷，每年选择1~2个典型的城市片区，组织一次工作坊，探索不同类型社区适老性更新的设计策略与技术方法。

实证研究的具体展开是从社会学的调查方法入手，通过结构式访谈、调查问卷、焦点小组访谈等调研方式，获取大量一手问卷与数据，在量化统计与科学分析基础上，缕析归纳老年人的养老现状、户外活动特征、居家养老服务设施与服务空间的特点；同时借鉴行为学研究手段，通过对研究对象微观、中观和宏观行为的认真观察与动态、静态的图文影像记录，形成行为分析报告，分析总结规律，从而细分老龄化人群的生活特点和居住需求的差异性特征。在量化分析结果和行为分析报告的基础上，运用建筑学手段展开基于生活圈的社区公共服务设施配置与整合研究，从社区、住栋到居室的多层级养老居住的物质空间系统研究，结合典型社区探索可操作的更新策略及相关改造措施。本书收录的论文是课题的策略研究部分，用文字呈现了这一研究过程中从实证调查、案例剖析、空间更新到技术设施等不同层面的多维思考，也是进一步展开更加具有操作性的设计实验的理论依据。针对各个具体社区案例对象的跨尺度、多样化的适老性更新设计成果，团队将用更直观的图解图像呈现在本丛书系列的下一本——《老得其所 城市既有社区适老性更新实验设计：以南京为例》中。

在近5年的研究期间，有4位年轻人先后完成了他们的研究生学业，有150位左右本科同学参与了大量的基础调研和数据录入，有近50位同学参与到年度工作坊中参加实证调研、策略研究和设计实践。不同专业间的差异与互补，理论与现实的相互印证与冲突，书斋想象与现实生活的反差，都是研究过程中的宝贵认知和经历。尤其是年轻人用热情去探究并不熟悉的老年世界所获得的触动、灵感和责任感，是文字和图景之外最大的收获。也是这份热情和投入，不断激发着研究的深入和话题多样性的探讨，也不断完善修正着研究的方向和成果。

著者

目录

001 南京市城区老年人户外活动实证调查研究 　　　　　　鲍莉　敖雷　张玫英

008 南京社区居家养老服务空间设计初探 　　　　　　　　鲍莉　朱晓松　张玫英

017 南京社区养老服务空间案例研究 　　　　　　　　　　朱晓松　鲍莉　张玫英

030 社区层级适老性改造策略研究 　　　　　　　　　　　鲍莉　李天娇　张玫英

054 智慧化手段在社区居家养老模式中的应用 　　　　　　李天娇　鲍莉　张玫英

070 南京大规模保障房住区养老现状调研及设计对策研究　　张思敏　鲍莉　张玫英

091 种植社区——居民参与社区更新及社区居家养老策略探索　韩雨晨　鲍莉　张玫英

110 基于 WST 系统的老年人出行辅助模式研究 　　　　　　　　　　林岩　鲍莉

122 附录一：前期深度访谈表

125 附录二：南京市社区与老年居住状况调查问卷

130 后记

南京市城区老年人户外活动实证调查研究

鲍莉　敖雷　张玫英

1　研究背景

1.1　老龄化现状

自20世纪以来,人口老龄化成为社会发展的一个重要特征,如何应对老龄化问题是很多国家面临的一个严峻的社会现实。我国现在正处于人口老龄化的快速发展阶段,据中国社会科学院《中国老龄事业发展报告(2013)》蓝皮书预测,中国将迎来第一个老年人口增长高峰,2013年中国老年人口数量为2.02亿人,占总人口的14.9%;40年后将达到4.87亿人,占总人口34.8%。与发达国家相比,我国的人口老龄化有几个显著的特点:即老龄化进展速度快;老龄人口基数庞大;未富先老的社会现实,以及"421"家庭构成带来的养老压力。

从现有经济发展水平、老龄化特点及老年人意愿等因素综合考虑,我国政府确定了"以居家养老为基础,社区养老为依托,机构养老为支撑"的养老政策。其中社区居家养老模式因为顺应大多数老年人的意愿,同时能够利用既有住宅,依托社区提供的生活设施,有助于缓解我国在养老服务、医疗保障及社会支出等方面的巨大压力,故而成为现今国情下的最佳选择。

1.2　存在问题

虽然社区居家养老顺应国情和老年人的意愿,而且作为未来养老事业的主要发展方向也得到了各级各部门以及全社会的认可,但在大多数城市中社区养老与当前的社会需求还有很大的差距,究其原因在于社区在建设初期并未预料到老龄化的发展状况,为此我们针对社区居家养老模式下南京市老年人的户外活动需求进行了初步的调查研究,从老年人独特的居住行为特点和环境需求出发,分析老年人户外活动特征,探寻社区养老在户外活动方面存在的问题。

调查将老年人行为特征分为整体性特征和群体性特征两部分,重点考虑能够体现老年群体共性特点的整体性特征,综合考虑不同人群和区域的老年人群体行为特征,以期对老年人居住环境和生活设施设计方面提出相应的对策,切实满足老年人的特殊要求,提升老年人生活质量,使其幸福而有尊严地安度晚年。

1.3 研究方法

因老年人行为存在着整体性特点,而不同群体及区域间又存在着差异,通过对南京市不同片区老年人室外活动的行为特点的实证调查和量化分析,研究其外出活动类型及频率,总结出老年人行为的整体性规律;同时对老年人行为活动进行区域差异的比较,探寻活动空间和户外活动类型及频率的差异化影响因素。

本次定量研究的调研对象为年龄在60岁及以上居住在南京主城鼓楼、秦淮、玄武、建邺四区的老年人。

对四个行政区划的居住区老年群体进行非随机的多阶段分层抽样,方法如下:

第一步:抽取区。在南京主城区用简单随机抽样的方法抽取4个区。

第二步:抽取街道。在抽中的每个区,按照随机原则抽取2~3个街道或片区。

第三步:抽取居委会。在抽中的每个街道或片区,按照随机原则抽取2~3个小区。

第四步:随机抽取个人。

问卷的主要内容包括:A. 基本情况;B. 健康状况;C. 经济状况;D. 养老服务需求状况;E. 社区活动状况;F. 居住状况及需求等,其中A、B、C三项为老年人的基本情况调研,D、E、F则是老年人居住状况(包括居室内外)和需求状况调查(表1-1)。这些调研问卷是根据研究目的和研究内容参考国内社会学和建筑学的一些研究理论设计而成,也广泛征求了社会学和建筑学有关专家的意见和建议,并进行了试探性调研和深度访谈,以求问卷能够基本反映南京市老年人的实际情况。问卷回收后,通过SPPS统计分析软件将有效问卷的数据录入,形成完整的数据库,为研究提供切实可信的量化数据支撑,实证调研中注重人性化和科学化的评估,以期真实反映老年人的需求状况。

表 1-1　问卷发放及回收情况

行政区划	鼓楼区	秦淮区	玄武区	建邺区	合计
发放/份	200	300	400	200	1 100
有效问卷/份	119	280	335	138	872
有效率/%	59.50	93.33	83.75	69	79.27

2　研究总结

城市及社区为包括老年人在内的居民提供相应的公共服务和配套设施。由于体能的衰退,与普通人相比,老年人在出行范围、活动类型、出行时间及频率都会有显著的不同[①]。其实"老年人"并非是一个单一的概念,它本身是一个多元复杂的群体,存在多种集群及不同类别。我们通过调查不同年龄、健康状况、经济状况、家庭结构的老年人室外活动类型及频率,发掘老年人群体的整体性特征;通过调研问卷的量化分析结果得到南京市城区老年人出行分布状况的一般规律。

2.1　户外活动场所及时段调查

在对南京市老年人户外活动状况的调查中,我们发现大多数的老年人喜欢徒步出行,据老年人户外活动时间调查结果(图2-1)显示:68.00%的老人会选择去10 min以内可以到达的场地进行活动,以普通老年人约50 m/min的步行速度,也就是说老年人的步行出行活动多在以住宅为中心500 m半径范围。而且据问卷调查,因天气或因身患支气管炎及风湿关节炎等一些慢性病的制约,老人在冬季的出行范围会相应缩短。在老年人户外活动场所选择(图2-2)调查中,我们发现老年人选择在宅间和小区活动场的比例为64.20%,而经常去城市广场及公园的也占到了34.60%,选择去社区活动中心和体育场馆活动的老年人则只有10.40%,由此可见老年人更愿意选择小区内及周边的户外活动场地。

在针对有关老年人活动时间段(图2-3)的调研显示,老年人更喜欢在有阳光的白天进行户外活动,比如老年人在早饭前会出去活动的只有17.70%,而在上午出去活动的有51.30%,在下午出去活动的有46.80%,晚饭后会出去活动的有36.80%。因

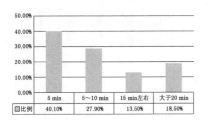

图2-1　老年人去室外活动场地的时间

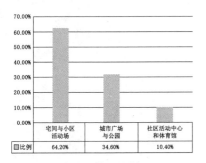

图2-2　老年人活动场所选择

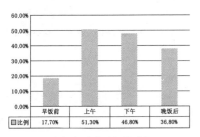

图2-3　老年人活动时间段选择

---

① 梁娅娜. 居住区户外环境老年人适应性研究[D]. 大连:大连理工大学,2006.

为大多已退休赋闲在家,调查发现老年人的户外活动频率(图2-4)远高于年轻人,有高达81.50%的老人每天至少活动一次,其中的36.60%每天外出活动2～3次。由此可见,户外活动是老人生活中必不可少的一项内容,直接影响到老年人的身心健康和生活品质。

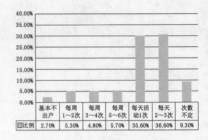

图2-4 老年人户外活动频率选择

2.2 不同年龄段及健康状况的老年人行为活动特征

根据老年人的健康行为的特征,可将老年人分为四个年龄段:
(1)健康活跃期:60～64岁;
(2)自立自理期:65～74岁;
(3)行为缓慢期:75～84岁;
(4)照顾关怀期:85岁以上。

通过问卷调查的量化分析,发掘不同年龄段老年人在行为方式和居住习惯上的差异和特殊性,研究老年人随着年龄的增长其行为方式和居住习惯的变化趋势,以此分析结果作为面对不同年龄段老年人的设计和改造的出发点,也可据此制定老年住宅全生命周期和活动场地的建设标准。

从不同年龄段老年人在户外经常进行的活动类型情况看(图2-5),我们发现:不同年龄段的老年人的主要户外活动类型多为休息、聊天和散步;随着年龄的增长,休息、聊天在老年人选择的活动类型中所占的比重日益增大,散步成为老人选择活动类型中的首选,与之相反的是老年人参与带小孩、唱歌、跳舞、健身等活动能量消耗较大的行为将逐渐减少。

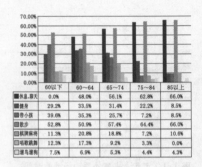

图2-5 不同年龄段老年人户外活动类型选择

从不同健康状况老年人在户外经常进行的活动类型(图2-6)情况可以看出:不同健康状况老年人的主要户外活动类型都是休息聊天和散步;对于健康状况较差的老年人,参与带小孩、唱歌跳舞、健身等能量消耗较大的行为活动少于健康状况较好的老年人,而休息聊天在其选择的活动类型中所占的比重远大于其他。此外,棋牌麻将、遛鸟遛狗等兴趣爱好类活动的参与程度,与老年人的身体健康状况关联性不大。

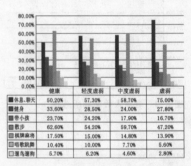

图2-6 不同健康状况老年人户外活动类型选择

2.3 为老服务需求状况

社区是给人们提供住宅及生活设施最密切的场所,人们与生活、交友、娱乐和个人发展密切相关的大部分行为活动均在其中进行。老年人因为其自身生理和心理特点的制约,对社区活动空间的需求有其特殊性。

为了让老年人能够在自己熟悉的社区环境中就近获得服

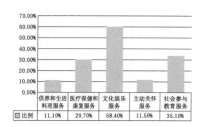

图 2-7 老年人服务需求状况

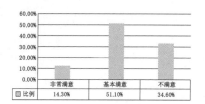

图 2-8 老年人小区活动场所满意度状况

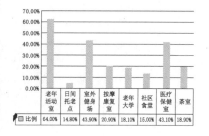

图 2-9 老年人社区活动场所需求状况

务,就需要在社区内部及周边设立相关的为老服务机构及设施,例如社区服务中心、老年文化活动室、老年福利院、老年日托所、老年医疗中心、老年康复室、老年大学等,为老年人提供住宿照顾、生活料理、文化教育和休闲娱乐等服务(图2-7)。

老年人对各种组织构建的小区活动场所满意度调研(图2-8)显示,有半数以上的老年人在社区级的活动空间需求得到了满足,但仍有34.60%的老年人不满意现在的社区活动场所,通过走访调研发现,这些不满主要集中在活动场所的种类偏少和容量过小。

而老年人社区活动场所需求调研(图2-9)结果显示,老年人自身对于偏向于文体娱乐的需求最为关注,对老年活动室和室外健身场地的需求程度别达到64.00%和43.90%,也从侧面说明现有的社区文体活动场所难以满足和容纳老年人的文体娱乐需求,需要根据社区的具体规模和老年人比重进行加建和扩建;此外,老年人对医疗保健的需求量很高,有43.10%的老年人表示需要社区医疗保健室,有20.90%的老年人需要按摩康复室;有18.10%的老年人重视社会参与和教育需求,因此有些社区中设置了老年大学;老年人对茶室、日间托老点和社区食堂这类生活供养类的活动场所需求相对较低,尤其是日间托老点,这不排除受访者多数是有较强的行为能力和家庭支持的老年人,而失能老人和孤寡老人的样本比例偏少等原因,在现实中应加强对这类需求的关注,在规划和建筑设计层面尽量满足。

3 结语

通过调查我们总结出南京市城区老年人户外空间活动状况的一些整体性特征,如表3-1所示:不同居住区域的老年人的户外活动类型都以休息、聊天和散步为主,老年人的户外活动频率更多取决于自身状况;不同居住片区之间的老年人在户外经常进行的活动类型选择上也会有比较大的差异性,老年人室外活动情况存在差异化特征,除了受年龄、健康状况、经济状况和家庭结构影响外,与其所属区域城市公共空间、社区活动场所和街头绿地等客观活动条件的差异有关。由于体能的衰退,老年人生活半径逐步缩小,但出于对身心健康的关注以及休闲时间充裕,其外出活动的频率却远高于年轻人。针对老年人的活动空间布局应更为多样而紧凑有序,因社区内的活动场地是老年人进行户外活动和交流的主要场所,故而场地的大小、尺度和细部设计要尽可能为老人的出行活动提供便利。

表 3-1 老年人室外空间活动状况整体性特征总结

室外活动分类 （按地域和时间划分）		老年人室外空间活动状况整体性特征
		主要行为活动特点
活动范围及类型	活动范围	老年人的日常步行出行活动范围基本是以住宅为中心的 500 m 半径的圆；首选活动场所是小区的活动场地和城市广场公园
	活动类型	老年人在户外的主要活动类型是休息、聊天和散步
活动时间及频率	活动时间	老年人更喜欢在有阳光的白天进行户外活动，最受欢迎的活动时段是上午和下午，其次是晚饭后，早晨很少有老年人进行户外活动
	活动频率	老年人的户外活动频率很高，绝大多数的老人每天至少活动一次，也有很多老年人每天外出活动 2~3 次

从老年人对社区老年服务中心服务类型的需求情况（见图 2-7），可以发现老年人对这五类服务的需求程度是有差异的：其中老年人平时对文体娱乐的需求最为关注，对老年活动室和室外健身场地的需求程度最高；此外老年人对医疗保健的需求也很重视，有较高的比例表示需要设置社区医疗保健室和按摩康复室；而老年人对茶室、日间托老点和社区食堂等生活供养类的活动场所虽然需求相对较低，但因服务对象是存在行动障碍或心理缺失的老年人等弱势群体，对这类必要性需求则不可或缺（表 3-2）。另外，老年人因身体和视力衰退，户外活动的安全性需求也应得到保障，包括社区服务中心等为老服务设施内部和外部环境中安全性辅助设施的完善。

表 3-2 老年人为老服务需求总结

为老服务类型 （按需求层级划分）		老年人为老服务需求	
		服务依托的建筑功能实体	主要需求状况
刚性需求	供养和生活料理服务	敬老院、福利院、老年公寓、老人日托护理中心、老人食堂、老年上门服务点	①在刚性需求中老年人对文体娱乐服务的需求量最高，医疗保健和康复服务需求其次，比例都相对较高；供养和生活料理服务需求虽然相对较低，原因是需求人群的数量有限，主要针对存在身体行动障碍的老人；②在弹性需求中，社会参与教育服务需求程度相对较高；主动关怀服务需求虽然相对较低，但是主要针对存在心理问题的老年人弱势群体
	医疗保健和紧急救援服务	社区医疗保健中心、社区诊所、社区医院、社区紧急救援站	
	文体娱乐服务	老年棋牌活动室、老年书画社、文体活动中心	
弹性需求	主动关怀服务	老年人法律援助中心、心理理疗室	
	社会参与教育服务	老年人科学技术服务部、各类老年学校	

以优化老年居住环境为目标,通过对南京地区老人居住状况的实证调查和量化分析,对老龄化人群行为特点和需求状况加以总结和提炼,为社区居家养老模式研究提供基础资料,有针对性地为提升老年人居住环境的设计及相关研究提供一些理论和实践参考,为制定下一步的设计策略提供科学理性的依据。

参考文献

[1] 中国老龄事业发展"十二五"规划[Z].国务院〔2011〕28号,2011年9月17日.

[2] 杨宗传.居家养老与中国养老模式[J].经济评论,2000(03):59-60,68.

[3] 中国老龄办.《我国城市居家养老服务研究》报告[EB/OL].2008(02).

[4] 赵立新.社区服务型居家养老的社会支持系统研究[J].人口学刊,2009(06):41-46.

[5] 郑晓瑛.中国老年人口健康评价指标研究[J].北京大学学报,2000,37(04):144-151.

[6] 梁娅娜.居住区户外环境老年人适应性研究[D].大连:大连理工大学,2006.

[7] (丹麦)扬·盖尔.交往与空间[M].何人可,译.北京:中国建筑工业出版社,2002.

[8] 彭希哲,梁鸿,程远.城市老年服务体系研究[M].上海:上海人民出版社,2006.

南京社区居家养老服务空间设计初探

鲍莉　朱晓松　张玫英

中国老龄化问题日益严重，社区居家养老服务模式成为社会养老方式的主流。社区居家养老服务设施作为支撑养老服务的基础设施平台，发挥着重要的作用，但是在当前的国情下因社区资源紧张、用地局促等方面的原因导致了养老服务设施选址盲目、定位不清、建设缺乏标准规范等问题。本文以南京社区居家养老服务空间设计为研究对象，本着"因地制宜、以人为本"的原则，对南京社区居家养老服务空间设计开展实态调研，并在此基础上研究相关空间设计模式。

1 服务空间规划设计模型

在我国逐步推行社区居家养老模式的过程中，因受到运行体制、经济因素等方面的限制，社区服务设施的空间分布不尽如人意，而寻求解决之道则不能局限于某一单体服务空间的建设上，特别是在建成社区。它需要对社区老年人的需求做好切实调研，在全局层面针对现状做好规划，对现有资源做好分配和管理，这决定了下一阶段建筑层面的建设方向。服务设施在规划层面上的空间设计是多个因素共同作用的结果，通过在规划层面上对服务空间进行梳理，我们提出空间规划关联矩阵模型的思路，意在通过此模型，对各个因素进行科学合理的运用，使得服务设施的空间设计更符合社会现实，符合老人需要。

空间规划关联矩阵模型

1）研究对象

研究对象是指该模型的操作对象，即模型关联因素的作用对象，它基于社区老年人的服务需求和服务空间的现状发展来确定，要确保研究对象能涵盖其需求的各个方面。根据马斯洛的需求层次研究理论，人的需求强度由低至高依次是生理需求、安全需求、社交需求、尊重需求和自我实现的需求。对于老年人,晚年生活相对简单,通过对老年人社区活动的调研,其生活需求强度由低至高分别为吃饭、穿衣、住宅、医疗、聊天、散步、娱乐等。而在2011年《中国城市养老居住模式研究》报告也指出,健康状况、经济收入、生活条件、子女孝顺、住房条件和休闲娱乐生活等因素对老年人的晚年生活幸福与否起着关键性作用。《中国老龄事业发展"十二五"规划》也提出"努力实现老有所养、老有所医、老有所教、老有所学、老有所为、老有所乐的工作目标"。因此,以"医、食、住、娱"四个方面为研究对象,能基本概括老年人社区生活的各个方面,并且这四个方面存在逻辑的顺序性,只有在住、食、医等基本需求达到满足后,老年人娱乐方面的需求才会出现。通过对现状服务空间的调研,将这四个方面的研究对象物化到空间实体,对应不同的服务空间(图1-1)。对服务设施按需求分类,差异性更明显,也便于同一功能的服务空间的合理配置。

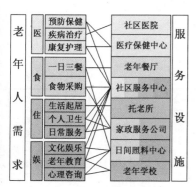

图1-1 老年人需求与服务设施

2)作用层面

作用层面即模型研究对象依附的平台。参照居住区公共服务设施的规划思路,它是按照居住区、小区、组团等三个层级进行配建规划,而社区居家养老服务体系则是在行政区域范围组织架构,以政府为主体,按照街道、社区、邻里三个级别实现对社区养老服务设施的管理。所以我们选择模型的作用层面可以分为街道、社区、邻里三个层面,其在人口规模、设施现状、区域资源等方面呈现出各自的差异性。

根据公共服务设施的规划思路,在规划层面影响服务设施布置的因素是人口规模,在不同的作用层面上对应不同的人口规模。南京具有街道人口密度高的特点,以南京鼓楼区和辖属街道为例,鼓楼区人口近80万,辖属街道平均人口规模在10万人左右(表1-1),街道辖属社区平均人口规模在1万~1.5万人(表1-2)。与居住区三个级别的人口规模比较,两者对应关系如表1-3。

表1-1 鼓楼区街道人口规模

鼓楼区街道	华侨路	宁海路	湖南路	中央门	挹江门	江东	凤凰	总计
人口(万人)	7.98	12	14.3	12.73	8.85	11	13	79.86

资料来源:南京鼓楼区政府网站

表1-2 华侨路街道辖属社区人口规模

华侨路辖属社区	虎踞关社区	慈悲社社区	五台山社区	石头城社区	龙蟠里社区	广州路社区	清凉山社区	总计
人口(万人)	1.4	1.2	1.2	0.9	1.3	1	0.98	7.98

资料来源:南京鼓楼区政府网站

表1-3 行政区划与规划标准人口规模关系

行政区划	比例关系	规划标准
街道/11.4万人	3比1	社区/3万~5万人
社区/1.14万人	1比1	小区/1万~1.5万人
邻里	无	组团/0.1万~0.3万人

因此,按照人口规模,建立在三个作用层面的服务空间规划配置指标(表1-4)。

表1-4 社区居家养老服务设施配置指标(m²)

	医					食/娱(室内)						住				娱(室外)					
	社区卫生服务中心		社区卫生服务站		社区卫生所		老年活动中心		老年活动站		老年活动室		养老院		托老所		公共绿地		健身场地		室外活动场地	
	千人指标	一般指标	千人指标	一般指标	千人指标	一般指标	千人指标	一般指标	千人指标	一般指标	千人指标	一般指标	千人指标	一般指标	千人指标	一般指标	千人指标	一般指标	千人指标	一般指标	千人指标	一般指标
街道	55×3	3 400×3					20×3	260×3					65×3	3 000×3			20×3	450×3				
社区			12	250					22	250					53	670			160	1 000		
小区					75							80									160	1 370

资料来源:据各市居住区公共设施配置指标,自绘

3)影响因素

研究发现社区区位、设施现状以及各个地区养老模式的选择都会对社区养老服务空间设计产生影响,可以归纳为空间客体影响因素;而通过对老年人行为与空间的观察,我们发现老年人这一主体因素,包括其群体属性、服务需求和行为特征也会对服务空间设计起作用。按照"因地制宜"和"以人为本"的原则,在服务设施的空间设计上既遵从当地的现状又应贴近老年人的需求,据此,形成了在街道、社区、邻里层面上以主客体两个影响因子作用于医、食、住、娱四个方面的空间规划关联矩阵模型。(图1-2)

在模型中,空间概况——包含空间区位、设施现状、组织模式等三个方面。其中空间区位是指服务空间所在的地区区位,在不同的空间区位养老资源会有差异,比如在街道层面,市中心比市郊有较多的公共资源,而市郊则土地相对宽松;在社区层面,单位大院比普通社区有更好的设施服务,单位食堂、医院、老干部活动中心等;老城地区则比新建社区条件简陋等。设施现状指已有的养老服务设施及资源,应避免重复性建设,比如在街道层面,中心医院、图书馆、公园都可以向老人开放,形成资源共享;社区层面,有社区活动中心、商家店铺等,充分调动社会资源为社区老年人服务,形成政府和社会的良性互动,形成有机的社区养老服务圈。组织模式指所在社区对于养老服务发展、运营

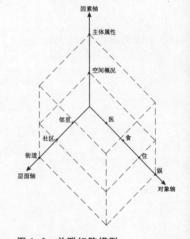

图1-2 关联矩阵模型

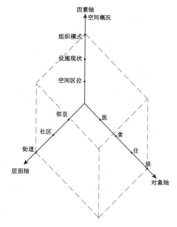

图1-3 空间概况影响下的关联矩阵模型

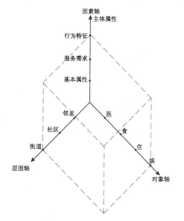

图1-4 主体属性影响下的关联矩阵模型

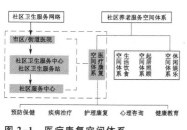

图2-1 医疗康复空间体系

模式、服务人群等理念的定位,不同的组织模式有着不同的服务空间。如以上门服务为主的服务类型和社区服务为主的服务类型在设施规模、服务半径上有较大的差异;服务人群不同,也有不同的功能定位,比如以服务自理老人为主的可以以娱乐休闲功能为主,而服务半自理老人为主的则需要以康复护理、生活照料为主(图1-3)。

模型中的主体属性——即充分考虑当地社区老年人的属性特征,研究老年人对于社区服务的诉求,对于社区服务空间的设计有指导作用,体现了"以人文本"的原则。老年人概况包括基本属性、服务需求和行为特征三个方面。基本属性是指在三个作用层面老年人的年龄构成比、健康状况、居住状况、经济状况等多方面的数据合集,这对服务空间的功能定位、规模有指导作用;服务需求指老年人对服务空间的个人诉求,这需要通过调研或观察得出;行为特征指老年人在服务空间的行为共性,通过对行为特征的研究,使得服务空间的设计更能符合社区老年人的行为习惯(图1-4)。

2 社区养老服务空间设计

根据上文提出的空间规划关联矩阵模型,针对医、食、住、娱四个方面,可分为医疗康复空间体系、生活饮食空间体系、起居照顾空间体系、休闲娱乐空间体系等,我们将在下文择其要点阐述一二,分析其在不同的作用层面下各个影响因素的作用。

2.1 医疗康复空间体系

"在宅养老"模式中的城市社区老年健康保障空间体系,是集老年预防护理、疾病治疗、护理康复、心理咨询、健康教育机构于一体的综合性设施,是老年居住援护设施体系中社区老年医疗卫生服务设施的扩展,并与社区卫生服务中心(站)共同形成社区卫生服务网络。随着社会老龄化带来的老年人口增多,老年健康保障需求不断增加,社区卫生工作的重点将转移到老年人的健康保障与服务上,以"老有所医"为中心,满足老年人各层次健康保障需求。[①](图2-1)

---

① 徐怡珊,周典,玉镇珲.基于"在宅养老"模式的城市社区老年健康保障设施规划设计研究[J].建筑学报,2011(2):69-72.

社区卫生服务是保障老年健康生命质量与生活质量的最适宜的形式。建设适合中国国情的城市社区老年健康保障设施体系，应与社区卫生服务机构相结合，从单纯医疗向护理、康复等综合卫生服务转变，做到相互补充、相互协调，实现社区卫生服务资源的可持续发展及最大化利用。

通过调查研究，将老年人就医活动空间划分为基本求医活动圈、扩展求医活动圈和高级求医活动圈。圈层半径确定原则是老年人就医活动集中的比例，各地不同。其中1-基本求医活动圈，大致为距社区中心0.5~1.0 km的圈层范围，主要医疗设施为社区卫生服务站；2-扩展求医活动圈，大致为距社区中心1.0 km的圈层范围，主要医疗设施为街道医院；3-高级求医活动圈，大致为距社区中心1.0~5.0 km的圈层范围，主要医疗设施为区市级医院（图2-2）。

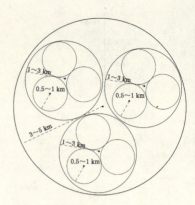

图2-2 就医活动圈

按照空间模型：

· 空间概况。街道层级、空间区位决定了所在地区医疗资源的多少，医疗资源与到市中心距离成反比，所以距市中心远的社区应着重社区卫生服务站/街道医院的建设；这一层级的设施包括卫生服务中心、社区活动中心等。社区层级，社区分为单位小区和混合小区，前者因为特定人群享有特定的医疗服务，后者则需加强基本活动圈社区医疗护理体系；设施包括卫生服务站和一些商业性质的推拿室、保健室；组织模式则体现在基层政府对于本社区养老服务发展模式的定位。小区层级，设施现状包括卫生所等，社区服务指上门服务的种类及数量。（图2-3）

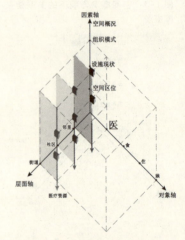

图2-3 空间概况影响的医疗康复空间模型

· 主体属性。社区老年人的年龄构成、健康状况、经济状况等基本属性在三个作用层面显示了从宏观逐步细化的过程，呈现总体趋势一样，略有微差的现象，影响了医疗资源的分布；而服务需求更直观地表现了社区老年人对于就医服务的愿景；行为特征主要体现在社区层面和小区层面，包括老年人就医时间、就医距离等。（图2-4）

2.2 休闲娱乐空间体系

休闲娱乐是老年人重要的生活内容之一，设施体系大致可分为室内娱乐场所和室外休闲场地，保证了不同身体状况、不同休闲需求、不同生活层次的老人的要求。（图2-5）

以下从两个方面分析其影响：

· 空间概况。从宏观层面看，呈现小区区位由市中心向郊

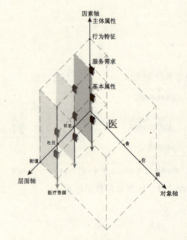

图2-4 主体属性影响的医疗康复空间模型

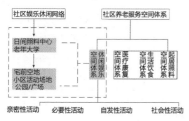

图 2-5 休闲娱乐空间体系

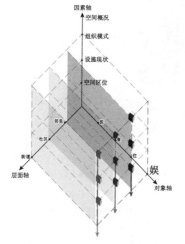

图 2-6 空间概况影响的休闲娱乐空间

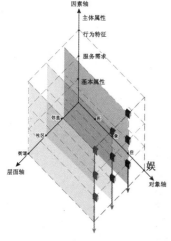

图 2-7 主体属性影响的休闲娱乐空间

区外移,发生在小区内部活动比例上升的规律,所以市中心社区应加大公共设施、绿地公园对老年人的开放程度,而市郊应着重社区内活动设施的基础建设。从微观层面看,混合社区较单位社区更需要社区服务中心组织日常活动。(图 2-6)

- 主体属性。年龄越大的老年人进行外出休闲活动的空间范围越小,女性在持续活动时间上少于男性,而收入与活动范围成正比,退休前职业也在一定程度影响老年人对活动类型的选择,因此要结合社区老年人属性的具体情况,社区服务中心的选址靠近老年型老人,服务类型结合职业属性,提供有偿和无偿服务依据社区经济状况制定,综合考虑三个圈层的活动设施的配置。

上述两项会对老年人自身需求和行为特征产生影响,也应具体调查老年人愿望诉求,深入了解社区独特的行为规律,为活动场地布点、设计提供依据。(图 2-7)

3 案例运用

以南京市玄武区新街口街道辖属香铺营社区为例,我们试图探寻服务设施网络化概念模型在南京地区的应用。香铺营社区是南京市中心城区的一个较为成熟的社区,占地 0.44 km²,人口规模 1.71 万,人口密度较大,配置指标如表 3-1,社区范围处于老人 5 min 步行圈内。运用关联矩阵模型进行分析(图 3-1),现有社区卫生服务中心一处,可以满足社区老年人日常就医需求。社区活动中心一处,建筑面积 100 m²,提供阅览读书,娱乐休闲等服务,但面积不足,需另建一处日间照料中心,建筑规模 270 m²,作为上门服务的集结点。托老所一处,建筑面积 280 m²,提供床位 18 张,根据配置标准应新增两处相同规模的托老所(表 3-1、图 3-2)。

通过问卷调研,对老年人社区服务设施和服务内容的需求进行了研究(图 3-3)[①]。可以看出,老年人对于活动室、医疗护理室以及室外健身场所的需求比较高,其次是康复室、老年学校、社区食堂,并且随着身体状况的下降,呈现出静态的活动特征,比如对于茶室的需求增加。针对服务内容,体检和文体活动占比最大,其次是阅览学习、用餐,随着身体状况的下降,对于体检

---

① 南京市社区与老年居住状况调查,2012 年针对南京主城区进行的关于老年人基本状况、户外活动、居住情况等的调查研究,共收回有效问卷 872 份。

表 3-1 社区层级服务设施配置指标（m²）

	社区卫生服务站		老年活动站		托老所		健身场地		室外活动场地	
	千人指标	一般规模	千人指标	一般规模	千人指标	一般规模	千人指标	一般规模	千人指标	一般规模
香铺营社区	12	204	22	374	53	901	160	2 720	无	1 370

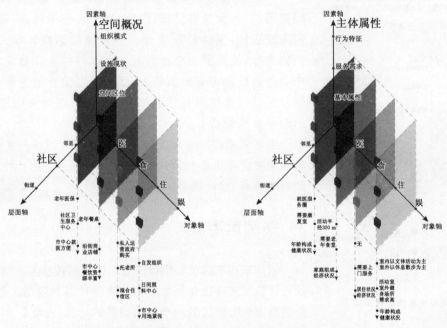

图 3-1 社区层级层级关联矩阵模型

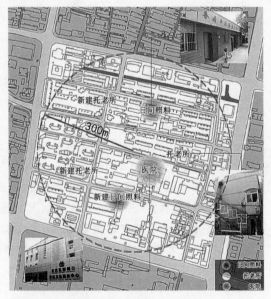

图 3-2 社区层级服务设施布置

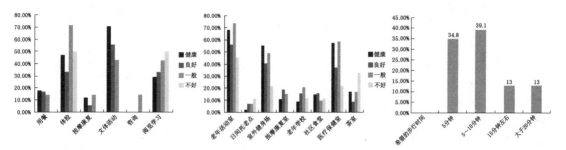

图 3-3　社区层级老年人调研

和阅览学习需求增加,活动相应减少。同时,老年人希望的步行时间是 5 min,据此服务中心的覆盖半径大致在 300 m。

结合现状分析,社区服务中心在功能配置上突出医疗康复和娱乐活动服务,还要适当增加阅读、学习的服务;增加上门服务,为身体不方便的老年人提供帮助;或者充分利用小区资源,结合饭店、超市、洗浴等各种店面,通过政府购买的形式为老年人提供服务。

综上所述,通过参考城市公共服务设施的规划配置,从两个影响因素出发,分析其对老年人"医、食、住、娱"四个方面的影响,可以较为理性地在社区养老服务体系三个层面构建设施网络化规划,达到体系的物质化呈现,并且切实符合当地社区以及社区老年人的真实需求。接下来通过改造、置入、新建等手段进行具体的养老服务基础设施建设,夯实社区服务基础,完善服务网络体系,切实达到"老有所养、老有所医、老有所教、老有所学、老有所为、老有所乐"的规划目标。

表 3-2　社区级别配置表

街道	设施	面积(m²)	服务功能
现状	社区卫生服务中心	—	医疗
	日间照料中心	100	社区活动
	托老所	280	起居照料
新增	日间照料中心	270	活动室
	托老所	280	医疗护理

参考文献

[1] 王江萍. 老年人居住外环境规划与设计[M]. 北京:中国电力出版社,2009.

[2] 柴彦威,等. 中国城市老年人的活动空间[M]. 北京:科学出版社,2010.

[3] 赵晓征. 养老设施及老年居住建筑—国内外老年居住建筑导论[M].

北京:中国建筑工业出版社,2010.
[4] 中国老龄事业发展"十二五"规划[Z].国务院〔2011〕28号,2011年9月17日.
[5] 南京市老龄事业发展第十二个五年规划[Z].2012年3月,南京市发展和改革委员会.
[6] 江苏省社区居家养老服务中心评估指标体系[S].南京市民政局.
[7] 徐怡珊,周典,玉镇珲.基于"在宅养老"模式的城市社区老年健康保障设施规划设计研究[J].建筑学报,2011(2):69-72.
[8] 贺文.对老龄设施在城市和村镇规划设计中的思考:老龄设施体系和内容的探讨[J].城市发展研究,2005,12(1):21-24.
[9] 陈华宁.老年人福利设施的基本特征及设计[J].建筑学报,2000(8):27-32.

南京社区养老服务空间案例研究

朱晓松　鲍莉　张玫英

1　研究背景

1.1　社区居家养老社会现实

人口老龄化是 21 世纪全球性的难题,在中国随着经济发展科技进步,人民生活水平提高,人口的预期寿命不断增长,我国的人口老龄化进入了一个快速的上升通道。据全国老龄工作委员会办公室的官方统计,2010 年我国 60 岁以上老年人已达到 1.74 亿,比上一年度增长了 0.3%,即 700 万,占全国总人口的 12.8%。统计预计 2015 年将达到 2.15 亿,占全国总人口的 15%。随着 20 世纪 60~70 年代的生育年均增长 800 万,直至 2050 年达到峰值 4.37 亿[①]。

中国虽是一个有着悠久的家庭养老传统的国家,但由于诸多因素的影响使得现在家庭养老功能缺失和削弱,单靠家庭难以满足多数人的养老需要[②]。而社区居家养老既可让老年人留在家中居住又可享有社会化的养老服务,是在我国社会经济发展的大背景下人们基于传统家庭养老功能的弱化和社会化机构养老的缺陷而做出的养老选择。《中国老龄事业发展"十二五"规划》中提出:"坚持家庭养老和社会养老相结合……发展居家养老服务。整合社会和社区资源,加快建立县(区)、乡镇(街道)和社区(村)居家养老三级服务网络,建设居家养老服务信息系统……全国城市街道和社区统筹安排服务设施,实现居家养老服务、老年日间照料,卫生站和助餐网点的基本覆盖",即以居家养老为主,社区服务为依托,机构养老为补充的养老方式将成为基本的养老政策。

---

① 数据来源:中国老龄办.
② 方秀云.社区应对老龄化问题的对策研究——社区居家养老的理论分析与实践探讨[J].中共杭州市委党校学报,2006(5):50-54.

1.2 南京社区养老服务概况

社区养老服务设施不可避免地要受到所在地区社区养老服务体系的制约,从规划层面出发的服务体系建设在一定程度上决定了所辖社区内服务空间的规模和内容。而不同地区的发展差异作为客观存在的现状将对服务体系的建设产生影响(图1-1)。

以南京市为例,据第六次人口普查统计,截至2010年末,南京市人口密度达到1 215.23人/km²,虽低于北京、上海和广州,却是杭州的2.3倍。其中江南八区土地面积占全市的12%,却聚集着439.39万人的常住人口,占南京常住人口比重约55%,人口密度高达5 500人/km²,街道人口密度较高;在"超级街道"背后展现的是其街道及社区配套设施种类较多;而人口剧增的同时造成城市土地稀缺,对城市交通、住房、医疗、教育、社会保障等公共资源以及生态环境带来的压力日渐增大。通过对城区内社区养老服务机构的整理,分析目前南京市各类相关养老服务设施的数量、分布、服务项目、经营方式等内容,如图1-2中玄武、鼓楼、秦淮、建邺主城区内各类养老福利机构的数量,研究南京区老年服务设施的配置特点,为社区养老服务设施的建设提供设计依据。

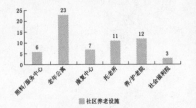

图1-1 南京社区养老设施数量
图片来源:《2011年南京市养老福利机构基本情况汇总表》

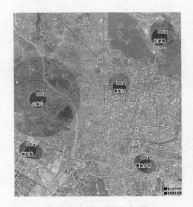

图1-2 所选案例空间分布图

从数据中我们发现:主城范围内服务设施以老年公寓为主(37%),提供全托服务的占到79%,而提供社区为老服务的仅占2%,现阶段服务设施还是以住宿照料为主要功能,对于社区在宅养老的支持比较少,并且服务人群大多是自理老人,对介助、介护状态的老人关注不够。

南京自身的诸多特点决定了其城市社区老年服务设施的配置要结合自身情况配置,比如街道人口规模大,相应的服务设施规模指标也要提高,而完善的配套设施可以与社区养老服务设施实现资源共享,避免重复建设。

2 社区养老服务空间案例研究

通过对比分析,我们选取主城区五个不同规模及特色并具有一定代表性的案例来分析南京社区老年服务机构的使用现状,它们分别是鼓楼区心贴心养老服务中心、玄武区万家帮社区养老服务中心、玄武区新街口街道托老所、秦淮区爱映夕阳居家养老服务中心和建邺区兴达新寓老年人服务中心。

这五个案例中有全托,有日托;有面向社区的开放设施,也有小规模的托老所,服务定位较为多样;既有老城中心的新街口街道,也有老城外围的锁金村街道、凤凰街道,还有靠近新城的南苑街道,区位及辐射面较有代表性;在运营模式上,有政府运作、政府购买、私人运营、公益基金会独立组织等。总的来说在规模、服务功能、选址、运营上呈现了多样性和差异性,基本可以反映目前南京市社区养老服务的现状(表2-1)。

表2-1 南京市社区养老服务现状

		心贴心养老服务中心	锁金村万家帮社区养老服务中心	爱映夕阳居家养老服务中心	新街口街道托老所	兴达新寓老年人服务中心
行政区划		鼓楼区凤凰街道	玄武区锁金村街道	秦淮区秦虹街道	玄武区新街口街道	建邺区南苑街道
区位		老城外,城西南	城北,近火车站	老城外,城东南	老城中心,新街口商圈	新城周边
服务功能		全托、日托、上门服务	日托	全托、日间活动	全托	全托、日托、上门服务
运营模式		政府购买,私人运营	政府、社会组织、企业共同经营	公益组织运作	私人运营,政府补贴	社会组织、企业、公益组织合力
服务范围		基本覆盖整个鼓楼区	覆盖锁金村街道	覆盖周边小区	覆盖周边小区	覆盖周边小区
规模	建筑面积(m²)	1 000	337	827	280	1 030
	占地面积(m²)	345	337	823	115	1 030
特色		政府购买模式	养老品牌培育	公益组织优势	传统社区养老公寓	多家社会组织参与

2.1 鼓楼区心贴心养老服务中心

图2-1 心贴心养老服务中心区位

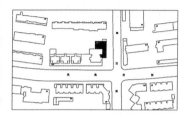

图2-2 心贴心养老服务中心总平面示意图

心贴心社区服务中心(图2-1)成立于2001年5月,为民办民营单位,以家政行业老年专项服务作为探索方向,构筑一种居家养老、政府扶持、机构运作、市场评估四级联合的老年家政服务新模式。服务对象主要为社区内的老人,大致分为四类:年老体弱需要全天照顾的老人;需要日间照顾的老人;患有老年痴呆症的老人及需要饮食配送的老人。

该中心位于南京鼓楼区凤凰西街和嫩江路交叉口(图2-2),为沿街商住楼改造而成(图2-3),建筑面积1 000 m²,属于凤凰街道凤凰二村社区,按照300 m和500 m服务半径[①],服务中心涵盖了9个住宅小区,服务人口近万人[②]。因为临近公交车站,交通便利,提供的服务全面周到,经常有其他街道的老人前来,出现使用面积不足的情况。因层高较高,中心在商住楼一层加建了夹层,在一层布置大活动室、餐厅及办公、厨房等后勤用房;

---

① 依据老年人5～10 min路程计算而来。
② 根据覆盖小区人口推测。

夹层层高较低，用作办公和储藏，另设小活动室若干；二层是老人居室，可提供三人间6间，单人间3间，共21个床位。

通过调查发现，娱乐活动空间与起居空间基本满足需要，而医疗康复与生活服务空间严重不足。受原有建筑所限，在使用上存在下列问题：①居住在二层的老人大多处于介助阶段，但娱乐活动均设在一层，造成老人使用不便，日常活动难以与外界沟通，生活单调；②为了增加面积采用回字形布局居室导致采光、通风不好，空间狭小局促；③办公和使用人群流线交叉，特别是与后勤厨房的流线有冲突；④大教室布置在二层影响居住空间，还带来消防隐患（图2-4，图2-5）。考虑到社区老年服务对象①主要是那些生活不能完全自理、日常生活需要一定照料的半失

图2-3 服务中心入口照片

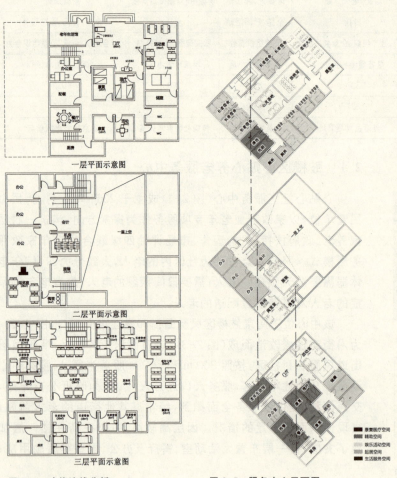

图2-4 功能流线分析　　图2-5 服务中心平面图

---

① 《社区老年日间照料中心建设标准》。

能老年人,即为在宅养老且行动不便的老人提供社区支撑,因此需要增强康复医疗和上门服务的功能,这也是当下社区老年服务中心缺乏的一点,即偏于自理老人,对介助、介护老人的关注不够。所以应当增强提供社区老年服务的部分,包括上门服务点、送餐、助浴、修脚等。

2.2 玄武区万家帮社区养老服务中心

万家帮社区养老服务中心成立于2005年,2011年重新改造,立足于满足社区内老年人的各类服务需求,以"万家帮"服务品牌的社会化、产业化发展为方向,实现政府的公共服务、社会组织的公益服务、企业的市场服务三位一体的整合。中心位于玄武区锁金一村5号,采取租赁沿街商业用房的方式,辖属于锁金村街道(图2-6)锁三社区,处于锁金村中心地带,聚集了学校、商业等功能,人流往来频繁(图2-7,图2-8)。作为社区养老服务体系的一环,中心主要负责社区老年人日常娱乐活动、心理咨询、培训教育等方面,社区医疗护理以及老人居所等服务则另辟场所建设。如图可以看出中心服务范围覆盖锁二社区、锁三社区、锁四社区、锁五社区,服务人口共计约19 000人。

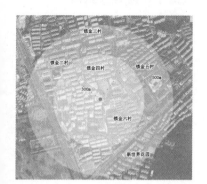

图2-6 服务中心空间分布

图2-7 服务中心总平面图

中心主要以组织老年人娱乐活动为主,面向自理能力强的老年人,同时心理咨询服务也是其中的一个特色,服务人群也因此多样化,包括儿童、中年人等。虽然本中心功能较为单一,面积偏小,但是整个社区将不同功能打散,在既有社区服务设施面积紧缺条件下采用分散布置方式,依据社区自身情况,定点分散提供各类特色服务,呈现服务网络化布置的态势。

中心在沿街商业楼二层布置活动室,将平面划分成大小不同的活动室和功能房间,满足不同活动的需要(图2-9);利用拓宽的走廊,结合接待处形成复合空间,容纳交通、交流等行为,开

图2-8 服务中心入口照片

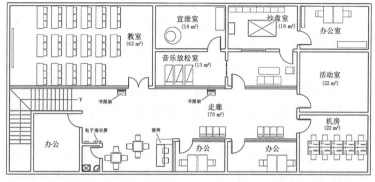

图2-9 平面图

放性强;走廊在连接两侧房间的同时,形成进入各功能房间的缓冲,利于通风采光,改善空间的整体氛围;但因尺度处理不好,造成空间浪费,设施布置不足(图 2-10)。

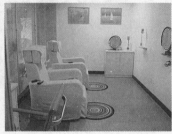

图 2-10 室内照片

2.3 秦淮区爱映夕阳居家养老服务中心

爱德居家养老服务中心是由爱德基金会发起的,采取由基金会注资运营,政府提供政策支持的运作模式。爱德居家养老入驻的爱映夕阳居家养老服务中心位于秦淮区岗虹苑小区(图 2-11,图 2-12),辖属于秦虹街道岗虹苑社区,总人口 8 699 人,60 岁以上老年人 687 人。这是 20 世纪 90 年代末建成的安置小区,以七层楼房为主,居民多为城郊的工人、菜农,经济收入相对较低。如图可以看出,中心服务范围涵盖社区三个小区,因为铁路线的阻隔,无法向西北扩展(图 2-13)。

中心建筑面积 827 m²,其中社区服务部分 677 m²,居住部分 150 m²。中心有工作人员 5 人,负责照料老人日常起居、饮食等,设有床位十张。中心由原来的社区用房改建而成,受制于地形,居住功能与娱乐辅助功能分布在道路两侧(图 2-14,图 2-15),其中居住部分提供老人卧室三间,由起居室连接各个卧室,供日常的休息、交流和进餐等使用。道路对面加建的一层建筑内布置活动用房五间,用作棋牌、乒乓、排练室以及厨房、办公等。该中心的娱乐活动中心部分面积较大,而生活服务空间规模偏小,居家养老配套服务不完善,主要服务人群未面向介助老人,提供床位数量不足。因建筑权属不明,运营方无法更改房间用途,更难进行齐全的功能配置,所以造成办公流线和送餐流线均需穿过马路,而图书室设置在住宿楼的二层,使用时给老人居室带来影响。

值得注意的是中心旁边的一块室外场地,因布置健身器材可供社区居民健身使用。在住宿楼门外还有一小块休息场地,布置有两块花池,供老人种植花草和安放石桌椅,形成住宿楼与

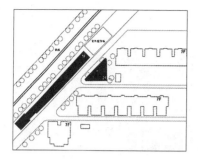

图 2-11 总平面图

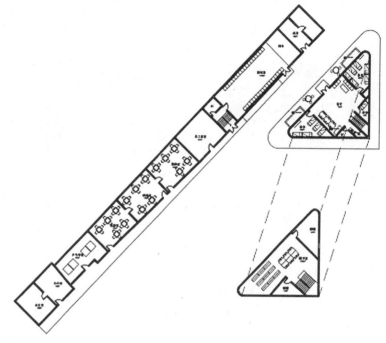

图 2-12 入口照片

图 2-14 平面图

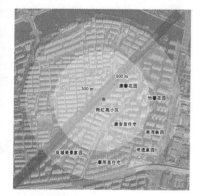

图 2-13 服务中心区位图

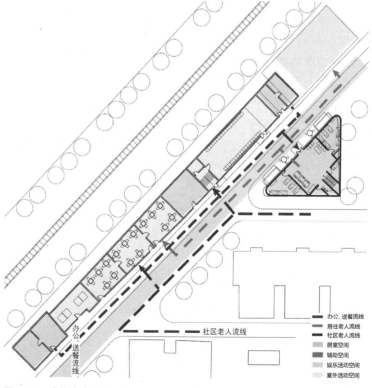

图 2-15 功能流线分析

室外的缓冲地带,且尺度适合休息停留,使用率较高(图 2-16～图 2-18)。

图 2-16　门前活动场

图 2-17　道路

图 2-18　门前台阶

2.4　玄武区新街口街道托老所

该托老所属于社区养老公寓性质,是由私人经营、政府提供支持的社区养老机构。它位于杨将军巷小区(图 2-19,图 2-20),行政区划属于新街口街道香铺营社区(图 2-21),社区相关配套设施比较完善,由三层社区用房改造而来,提供住宿、餐饮、医疗等相关服务,设有床位 18 张。另外香铺营社区内还设有社区医院及日间照料中心各一处,较好地解决了区内老人娱乐、就医、居住的问题。根据 300 m 和 500 m 服务半径,服务中心涵盖了 6 个住宅小区,服务人口 17 100 人。

托老所的起居空间规模符合要求,建筑功能相对简单,属于社区公寓类型。服务对象偏于自理老人,对介助、介护老人的关注不够。建筑平面组织中将起居室作为周围卧室的节点,成为日常活动主要场所(图 2-22,图 2-23)。

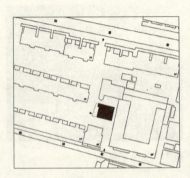

图 2-19　总平面图

图 2-20　服务中心外景

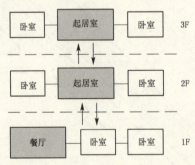

图 2-22　空间组织示意图

图 2-21　服务中心空间区位

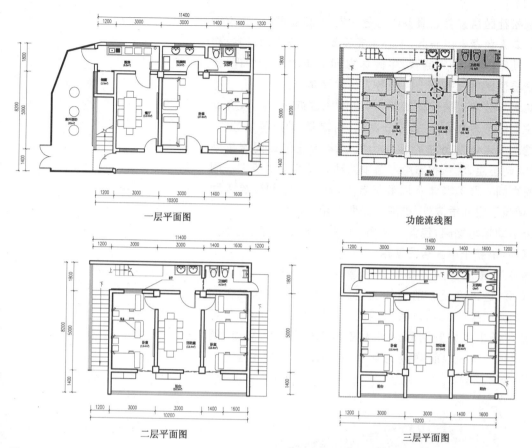

图 2-23　平面图

2.5　建邺区兴达新寓老年人服务中心

图 2-24　服务中心总平面图

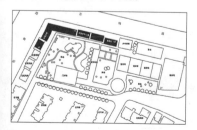

图 2-25　服务中心空间区位

该中心位于建邺区南苑街道兴达社区兴达新寓小区,靠近河西新城(图 2-24),与市中心相比用地较为宽松。有三家社会组织共同支持社区养老服务功能,分别是金德松社区居家养老服务中心、兴达老年公寓、允德乐龄老年服务中心,其各自的服务项目分别为上门服务、社区托老和老年人日间活动。与其他四家服务中心相比,本中心在组织模式上比较特别,而且社区场地条件良好,它位于小区西南角,坐拥大片绿地和活动场地,有篮球场、乒乓球场、门球场和体育馆,小区居民经常来此活动,人气较高(图 2-25)。该中心服务范围覆盖兴达社区,该社区辖属七个小区,现有居民 3 552 户,9 500 人。①

---

①　http://www.jyq.gov.cn/sqjx.

金德松社区居家养老服务中心是一家NGO机构，由政府购买对社区老人免费上门服务，中心主要设置小规模的休息室、咨询室和活动室，可供老人阅读、午间休息和简单的医疗护理，此外还负责提供助餐服务及上门服务人员的聚集点。

兴达老年公寓以居住功能为主，提供床位近30张，以介助老人为主要服务对象，中心负责日常起居、饮食、助浴等事务。

允德乐龄老年服务中心旨在为社区老人提供日间娱乐活动，包括兴趣小组、观影和志愿者各项活动。设有多功能室一间和活动室两间。服务群体不局限于老人，对于儿童和残疾人同样开放，增强了空间适应性，提高了场所使用率。

室外活动场地宽阔，包含门球场、乒乓球场、健身场、硬质广场以及绿地，供整个小区居民使用。

服务中心通过前廊连接室内和室外空间（图2-26），适合老人使用，进出方便。前廊作为过渡空间给老人半围合的安全感，既提供了一处挡风遮雨的空间，方便接触自然，又可在此观察广场上人们的活动。老人在此休息、静坐、交谈、晒太阳，处理日常事务，前廊成为服务中心的一处复合空间。（图2-27，图2-28）

图2-26 服务中心平面图

图2-27 外廊活动

图2-28 空间组织示意图

3　结语

通过对南京市主城区五个社区老年服务中心的调研分析，可以看出在不同的区位条件、不同的运营模式、不同的发展思路下社区养老服务中心的现状。其共同点是它们均是通过改造建成，受限于场地条件，改造结果存在种种不足，体现在场地规划、房间设置、房间物理性能等诸多方面。问题主要体现在：一，缺乏规划层面的统筹协调，区域的发展差异造成资源的不合理分配；二，社区养老服务设施基础条件薄弱，功能单一，难以满足社区老年人全方面的需求。区内各街道老年服务设施分布不均衡，在不同层面上服务设施的覆盖范围有重复和遗漏。通过比对《社会养老服务目录建设规划（2011—2015年）》可以看出，大部分服务设施以起居照料、医疗康复为主，面向社区老年人提供娱乐活动、上门服务的数量相对较少。

还有一些突出问题诸如面积不足；服务对象多为自理能力强或中等的老年人，对于自理能力弱的老年人关注不足等。而在功能配置方面，均设有大的活动室1~2间，并且使用频率最高，小型活动室设置较少，普遍提供的几项服务是棋牌、兴趣活动、培训等；居室则以三人间为主，其次是多人间，房内老年人储藏空间不足；餐室使用频率较低；多不关注流线组织，存在多股人流交叉干扰情况。

此外大部分服务中心缺少配套的室外活动场地以及养老设施，室内和室外缺少必要的过渡空间等。因为场地的限制，服务站多不能与社区集中活动场地或者绿地相邻建设，导致居住于此的老年人大部分时间只能在室内活动，而小区的活动场地以及运动设备大多没有必要的无障碍措施，如表3-1。

我们从南京地区养老服务的背景概况入手，研究了南京主城五个行政区域内各自的社区养老服务事业发展情况，可以看出南京的社区养老服务空间正在不断增大之中，同时也存在布局不合理、资源重复浪费、服务功能不明确等问题。从影响社区居家养老服务空间的客观层面分析，在各自区域发展的特点、土地、经济、人口构成等方面，间接影响了社区养老服务空间的布置，所以虽然城市居住区公共服务设施配置规范明确了相关养老服务设施的千人指标、用地指标等，但尚未得到很好的落实。

表 3-1 案例分析汇总

		鼓楼心贴心	玄武万家帮	秦淮爱映夕阳	新街口街道托老所	兴达新寓
	区位	市区、沿街	市区、社区中	小区内	小区内	小区内
	机构性质	民营	政府	爱德基金会	民营	民营
规模	建筑面积(m²)	1000	337	827	280	1 030
	占地面积(m²)	345	337	823	115	1 030
	容积率	2.9	1	1	2.4	1
	建设方式	沿街商业改建	沿街商业改建	小区社区用房改建	小区社区用房改建	小区社区用房改建
室外环境	绿化	无	无	门前花池	无	紧邻社区绿地
	铺地	普通水泥地	无	地砖	普通水泥地	砖石
	休息设施	无	无	石桌、石凳	无	凉亭
	运动设施	3 件	无	若干	2 件	乒乓球场、门球等健身设施
功能单元	平面布局	底层大空间、居室部分走廊串联	中间走廊连接两侧房间	居住和活动部分分居马路两侧	外廊式	连廊式
	竖向布局	底层活动,二层居住	无	无	一层餐厅、二三层居室	无
	无障碍设计	台阶、铺地、卫生间	沿墙扶手、铺地	铺地、居室、卫生间	沿墙扶手、卫生间、居室	沿墙扶手
	活动内容	娱乐、培训、阅览、助餐、托老、康复	娱乐活动、培训、心理辅导	棋牌、乒乓球、托老、阅览等兴趣活动	托老、助餐	全托、日托、上门服务
	使用情况	使用充分,面积不足	使用充分、面积不足,走廊大空间浪费	图书室使用频率低,棋牌使用频率最高	使用充分	使用充分,同时可供儿童、残疾人使用
	不足	活动室不足、设施硬件条件有待改善	黑房间、房间划分不尽合理	场地布置带来流线混乱、安全、管理等问题	受面积局限,不能提供其他社区助老服务	资源不能有效共享,服务没有整合

不过社区服务事业的发展也提供了诸多经验,各个城区不同的发展思路对服务空间的布局和定位有着根本性的作用。南京虽然在全国社区居家养老建设中走在前列,近年也有越来越多的服务站建成,但是服务对象偏年轻化、服务功能偏娱乐化,背离了社区养老服务设施作为在宅养老重要支撑的前提,随着越来越多的老年人步入半自理、无法自理阶段,相应的护理康复、居住护理需求会越来越大,这需要在前期规划和设计中充分考虑。

参考文献

[1] 方秀云.社区应对老龄化问题的对策研究——社区居家养老的理论分析与实践探讨[J].中共杭州市委党校学报,2006(5):50-54.

[2] 王江萍.老年人居住外环境规划与设计[M].北京:中国电力出版社,2009.

[3] 柴彦威,等.中国城市老年人的活动空间[M].北京:科学出版社,2010.

[4] 赵晓征.养老设施及老年居住建筑——国内外老年居住建筑导论[M].北京:中国建筑工业出版社,2010.

[5] 中国老龄事业发展"十二五"规划[Z].国务院〔2011〕28号,2011年9月17日.

[6] 南京市老龄事业发展第十二个五年规划[Z].2012年3月,南京市发展和改革委员会.

[7] 江苏省社区居家养老服务中心评估指标体系[S].南京市民政局.

[8] 徐怡珊,周典,玉镇珲.基于"在宅养老"模式的城市社区老年健康保障设施规划设计研究[J].建筑学报,2011(2):69-72.

[9] 贺文.对老龄设施在城市和村镇规划设计中的思考[J].城市发展研究,2005,12(1):21-24.

[10] 陈华宁.老年人福利设施的基本特征及设计[J].建筑学报,2000(8):27-32.

社区层级适老性改造策略研究

鲍莉　李天娇　张玫英

　　社区层级的适老性改造以整治性改造为主,即对既有社区内的设施进行治理,或局部根据需要采取新建、改建、扩建、部分拆除、维修养护等方式治理。而重建性的改造,即对社区中已没有保留价值的地块进行拆除清理,重新规划设计等不在本文讨论之列。

　　社区层级的物质空间可分为室外公共空间及公共服务设施。其中,由街道空间、户外活动场地组成的室外公共空间具有交通、休憩、娱乐、健身等功能,是老人生活空间的重要组成部分。通过适老性改造,应着重解决现状步行空间缺乏、活动场地不足等问题。

　　社区的公共服务设施(配套公建)按照功能类型可分为教育、医疗卫生、文化体育、商业服务、金融邮电、社区服务、市政公用和行政管理及其他八类设施。其中,以老年人为主要服务对象的社区养老服务设施,旨在为老年人提供生活照料、医疗保健、文体娱乐等养老服务,是老年人社区居家养老的重要保障。对既有社区养老服务设施进行补充和完善是适老性改造中的重要内容。其他社区公共服务设施与老年人的关联性相对较弱,故不作为本文讨论的内容。

　　社区层级的适老性改造内容主要包括针对室外公共空间的改造以及相应的场地设施完善,借助智慧化手段对社区居住环境进行的智慧化改造,以及养老服务设施的建设。

1　室外公共空间改造

　　良好的室外公共空间可以使老人放心无忧地走出家门,与人交往,与社会接触,享受宜人的社区环境和便利的城市生活,对老人的身心健康都十分有益。反之,如果室外公共空间存在诸多问题,则会把老人"困"在家中,使老人的出行及活动受到限制。在社区层级室外公共空间的适老性改造中,应结合老人的生理、心理需求以及行为特征,保障老人室外活动的安全性、便利性、舒适性,并尽可能为老人提供各种活动场所,激发丰富多彩的社区生活。

社区的室外公共空间可以被理解为一个连续的系统,在空间形态上可以分为节点式的户外活动空间以及连接它们的线性街道空间。我国的居住区通常采用封闭式管理,不同的住区之间一般由道路及围墙分隔。因此,室外的公共空间可以分为住区内部(一般为该住区居民所使用的公共空间)和住区外部(即可为城市、社区所共享的公共空间)。也可以理解为在社区层级,室外公共空间也同样存在着空间属性上的差异,越是门禁管理严格的住区,其空间的"私密性"越强。而当住区内部公共空间及活动设施缺乏或质量低下的情况下,居民的活动则更多向住区外部的街道、广场或更大范围的城市空间渗透。

1.1 街道空间

老年人出行以步行方式为主,其次是公共交通,无论目的地,都不可避免地会经过和使用街道空间。除了交通通行,街道的功能还可包括道旁停车、休闲活动、商品售卖等服务功能。街道空间在道路等级上包括住区外部的城市道路,如主干路、次干路、支路(由于城市快速路的功能以快速交通为主,故不作为讨论对象);以及住区内部的道路,包括居住区道路、小区路、组团路和宅间小路(图1-1)。通常随着道路等级降低,街道空间的交通功能逐步减弱,逐渐向慢速、以步行为主的交通方式转换,并且服务功能的比重不断增大。

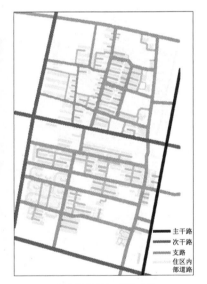

图1-1 南京蓁巷片区道路系统
(韩雨晨、林岩等)

伯顿和米切尔提出,适于老年人使用的街道空间应符合六项基本原则,即街道空间的熟悉性、易读性、独特性、可达性、舒适性和安全性[①]。可以理解为,街道空间应便于老年人辨认和理解、明确自身方位,并且可以安全而舒适地到达和使用,享受街道上的户外生活,街道空间还应具有所在社区的特色。经过精心的设计和改造,街道空间可以成为富有活力的户外生活空间,为老人提供休憩及活动的场所。

通过调研发现,既有社区街道空间存在以下现状问题:
1)整治步行空间

对于城市道路及部分机动车交通量较大的住区内部道路来

---
① (英)伊丽莎白·伯顿,琳内·米切尔.包容性的城市设计——生活街道[M].费腾,付本臣,译.北京:中国建筑工业出版社,2009:50.

说，通过设置人行道来实现人车分行是保障行人安全的基本措施。对于城市的主干道来说，还应设置非机动车道，以实现行人、非机动车、机动车三者的分行。一些街道由于人行道缺乏或过窄，或被停车、杂物堆放等占据的原因，行人只能被迫使用机动车道，造成人车混行的混乱局面（图1-2）。这对于行动不便、反应迟缓的老年人来说，存在较大的安全隐患，且步行的舒适度低。

在改造中应重点对人行道进行整治，加强对机动车及非机动车的停车管理，解决人行道被私自占用的问题。并且，通过增设、拓宽人行道等方式保证一定宽度的步行空间，使老人可以安全、顺畅地通行。对于各级城市道路，人行道的宽度应不小于2 m[①]。在实际情况中，当道路总宽有限时，其人行道宽度也可酌情减小，可依据一台轮椅通过的最小宽度为1.2 m，轮椅之间或婴儿手推车等错身行驶最小需1.65 m，以及该地段的人流量等数据最终确定人行道的宽度[②]。车行道和人行道之间应采用行道树绿带以形成明确的划分，且阻隔车行交通的不良影响。

一些社区内道路虽然在性质上向城市开放，但在尺度上却只能勉强满足机动车双车道甚至单车道通行，人行道无从设置，再加上路旁停车将步行空间向路中挤压，人车混行的问题严重。在这种情况下，对于具有重要交通作用的道路，应通过拓宽道路，后退建筑界面等方式，设置足够宽度的人行道。否则，对于社区内一些宽度过窄、机动交通负荷小的道路，可通过一定的设计手段及管理办法禁止或限制机动车的通行，营造以步行交通为主的街道空间。这种方式不仅可以提高通行的安全性，同时慢行的交通会促发人们在街道上的休憩和交往。例如在哥本哈根维斯特布诺的区域改造竞赛中，设计者（丹麦工作室KATOX-Victoria）就通过在街道上设置绿岛以禁止机动车辆进入，保证自行车和人行交通畅通，并且结合绿化设置足够的自行车停车位，被解放的路面则成为公共休憩空间（图1-3）[③]。

2）梳理生活空间

街道两侧建筑界面内的生活空间向街道空间延伸，可以使街道更具生活气息和活力。但是随意摆放的餐桌椅、晾晒衣物

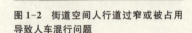

图1-2 街道空间人行道过窄或被占用导致人车混行问题

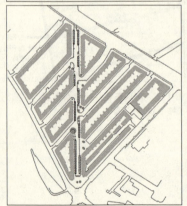

图1-3 哥本哈根维斯特布诺的区域改造竞赛方案（KATOXVictoria）

---

① 城市道路工程设计规范（CJJ37—2012）第5.3.4条.
② （日）荒木兵一郎，藤木尚久，田中直人.国外建筑设计详图图集3：无障碍建筑[M].章俊华，白林，译.北京：中国建筑工业出版社，2000：32.
③ 图片来源：http://www.gooood.hk/_d274208167.htm

以及堆放的杂物等不仅影响行人通行,也使街道景观杂乱不堪,给人"脏乱差"的环境印象。在改造中应对杂乱的生活空间进行梳理和整治,通过连续的界面、统一的室外家具等设计手法,限定日常生活空间领域,形成既富于生活气息,又不失整洁、美观的街道环境。例如在南京尖角营街道改造中,设计者(倪贤彬)通过在被生活空间占据的道路一侧置入类似雨篷的装置,重新梳理和置入原有的生活活动,限定生活空间范围的同时营造了可防晒、避雨的休息空间(图1-4)。

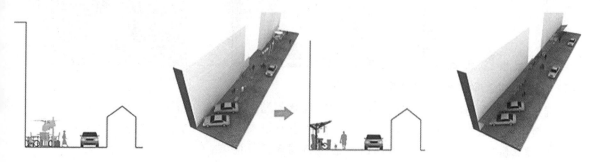

图1-4 南京市尖角营街道改造案例(倪贤彬)

3)增设休息空间

对于随着年龄增长而身心机能下降的老年人来说,其行动特征是"边观察周围的情况边行动,途中需要休息"(图1-5)[①]。这就需要在街道步行道旁尽可能设置休息空间,供老人停留、休憩,同时还可引发与人交谈等社会性活动。而街道现状普遍存在休息空间缺乏的问题。在对街道的改造中可结合绿化、道旁停车等设置休息空间,不仅为老年人及其他居民提供休憩、交往、享受绿荫的场所,也美化了城市环境。

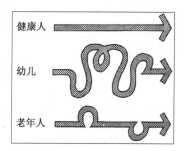

图1-5 不同人群的行动特征

例如南京市进香河路,道路总宽为40 m,虽然有着较为充足的人行道及行道树绿化,但人行空间单调,周边界面单一,缺乏休息空间。在改造时应将休息空间散点布置于街道绿化之间,为人们提供休憩的场所(图1-6)。

4)综合整治

街道空间存在的现状问题往往是综合而复杂的,在改造中需要对上述改造措施进行综合运用,在有限的街道空间内进行更为合理高效的空间调配和利用。

---

① 图片来源:(日)荒木兵一郎,藤本尚久,田中直人.国外建筑设计详图图集3:无障碍建筑[M].章俊华,白林,译.北京:中国建筑工业出版社,2000:14.

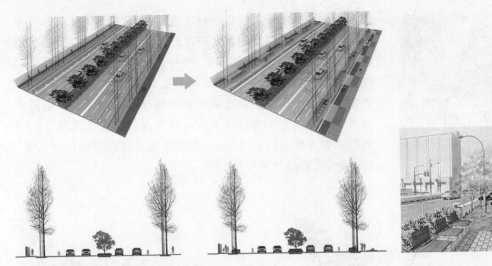

图 1-6 南京市进香河路改造案例（倪贤彬）

例如南京市学府路的道路宽度为 20 m，其现状问题是街道空间一侧的底层被围墙隔院所占据，而另一侧则没有设置人行道，街道整体缺乏休息空间。在改造时可通过将围墙打开的方式，扩大街道空间，并在其中间隔布置休息空间；在街道的另一侧增设人行道（图 1-7）。

南京市新安里街道的现状问题是道路一侧供周边小区停车，且无人行道，处于人车混行的状态，而街道另一侧则有约 5 m 宽的人行道，但缺乏休息空间。改造方案是缩小原有人行道宽度，并将停车、绿化、休憩座椅相结合，在这一侧集中解决停车问题并提供休息场所，营造宜人的步行空间；在道路另一侧利用回馈的空间来安放步行道，在一定程度上解决人车混行的问题，并同样增加休憩空间的设置（图 1-8）。

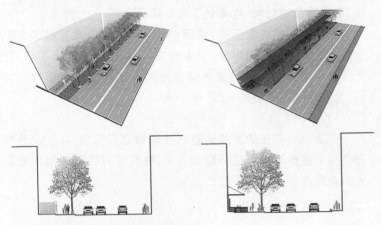

图 1-7 南京市学府路改造案例（倪贤彬）

图 1-8 南京市新安里街道改造案例（倪贤彬）

综合以上案例，针对不同现状问题的街道改造策略可小结如表 1-1：

表 1-1 街道现状问题及改造策略

范例	宽度	现状问题	改造策略
进香河路	40 m	两侧人行空间单调，周边界面单一	将休息空间散点布置在街道绿化之间，丰富空间层次
学府路	20 m	街道空间被围墙隔院占据；一侧街道无安全人行道路；缺乏休息空间	将围墙打开，扩大街道空间；在一侧植入安全活动步道；将休息空间置入在建筑间隙之间，不影响商业界面打开
新安里	12 m	道路一侧供周边小区停车；一侧街道无安全人行道路；人车混行；缺乏休息空间	将停车问题和休息空间结合，借用一侧无用街道空间，解决停车和休息；从另一侧回馈的空间来安放活动步道，一定程度上解决人车混行
尖角营	5 m	道路一侧被生活空间占据；人车混行；缺乏休息空间	在被生活空间占据的道路一侧置入类雨篷装置，重新梳理和置入原有的生活活动可能，同时解决休息空间；通过梳理生活活动，一定程度上解决人车混行

1.2 户外活动空间

对于老年人来说，从距离住所较近的宅前空地，到小区活动场，再到公园或市民广场，理想的户外活动空间应该形成一个层级化的户外活动空间网络（图 1-9），以覆盖不同身体状况、不同活动需求的老年人。老年人相对较小的活动范围需要我们更加关注其"基本邻里活动圈"及"区域活动圈"内的活动场所的营造，小区活动场、市民广场等应成为极具吸引力和活力的集聚点。同时，建立一系列的户外活动空间，还可以增强老年人在社区中的安全感和归属感,视户外空间为其生活环境的一部分,扩大老年人实际的活动范围。在具体的场所设计中,活动空间应能为老年人的必要性活动、自发性活动以及社会性活动提供适宜的条件,尽量延长老年人在其中停留的时间,提高活动发生的频率和强度,在功能上满足老年人休憩、健身、交往、娱乐等活动需求。

在社区层级适老性改造中,应着重建立完善的层级化户外活动空间网络,对现有户外活动空间系统进行补充、优化和改善,可从以下方面对既有社区进行更新改造:

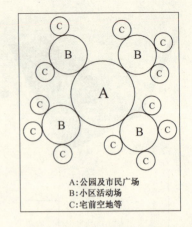

图1-9　层级化的户外活动空间网络

1) 增建停车设施

部分住区由于设计之初没有设置停车位,机动车和非机动车停车大量占据了室外公共空间。例如非机动车通常停放于宅间空地的车棚中,或随意置于住栋门前。机动车停车则大量蚕食宅间空地,甚至原有的活动场地(图1-10)。这些停车不仅侵占了原本应有的户外活动空间,还往往因缺乏管理而任意停放,使社区变得拥挤而混乱。

针对上述问题,较为理想的情况是限制机动车在住区内停放,而尽量将停车问题在住区周围解决,譬如利用周围城市道路的路旁停车位,以及住区周围的停车库和停车场等。在改造时,可以在住区增建集中式停车设施,缓解小区内部停车压力,释放更多公共空间。可考虑垂直方向向下或向上发展的节地型、集约型开发策略,如地下车库、立体停车楼等。停车设施的位置应尽可能交通便捷,且方便为社区所共享,多个停车设施最终形成社区的全覆盖,满足居民的停车需求。立体停车设施的建设可利用社区中的闲置空地进行新建,或通过对旧建筑进行改建、拆建的方式。图1-11为将南京市秦淮区中山东路片区一旧建筑改建为机动车立体停车楼的案例。在非机动车停车方面,同样可以采用立体发展的思路。例如自行车库底层架空,为居民创造休憩、活动的灰空间,而二层空间则供自行车停车,可插建于住宅侧面、宅间空地等处,方便居民存取使用(图1-12)。

图1-10　机动车、非机动车停车占据大量户外公共空间

此外,还可将停车设施与其他功能如居住、商业、社区配套服务等相结合,建设功能混合的城市或社区综合体,发挥土地最大效益。若短期内居民停车问题难以解决,仍需占用一部分室外公共空间作为地面停车场地,则应对停车位进行严格、规范的管理,控制停车位的位置和数量,杜绝任意、混乱的停放情况发生。

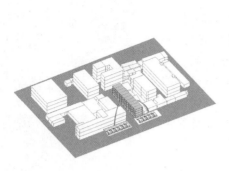
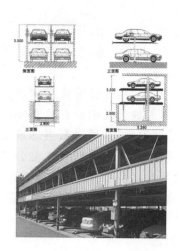

图 1-11 中山东路片区立体停车楼改建案例
（翁金鑫、李鑫磊）

2）治理公共空间私用化

社区的公共空间还存在被居民私自占用的问题。由于缺乏严格的管理，很多小区的公共空间大量被私自搭建的棚屋占据，将原本完整的可供活动的空间割裂。例如底层居民为扩大其住宅使用面积，在住栋前后或侧面搭建房间，或用围墙围出自家使用的院子；宅间空地等也经常被棚屋填满，其用途包括住宅、储藏、商业等。对于这些违章建筑物或构筑物，在改造时应统一拆除，以解放出更多的户外活动空间。

除了搭建棚屋，原有的开放空间、活动场地还常常被居民私自占用以摆放杂物、晾晒被褥等，例如图 1-13 中小区的健身广场成为晾晒被子的场所。在改造时对于这类情况，应制定相应条例，并加强管理。居民的日常生活向公共空间的渗透和展示本身无可厚非，甚至有益于营造富于活力和生活气息的社区空间，利于促发邻里之间的交往行为。但关键在于这种私用化为社区所贡献的是美好还是混乱，是美丽盆栽还是弃用的杂物。除了加强管理，从根本上防止这种社区"丑化"行为的方式是通过设计和改造去美化社区环境，营造宜人的活动空间，从而影响和改变人们对于场所的理解和使用方式。

3）增加活动空间

图 1-12 非机动车停车方案
（黄菲柳、戴赟）

一些小区，特别是建设年代较早的小区或者拆迁安置小区，原本过于单一的行列式布局、过高的建筑密度，使小区内部十分缺乏公共活动空间，特别是小区广场这类尺度较大的开放空间，如鼓楼区建设新村、秦淮区（原白下区）天坛村、玄武区康定里小区等等（图 1-14）。居民如果需要在室外进行休闲、健身、娱乐等活动,往往只能经过较远的路程前往小区外部的公园或市民广场,而这对于身体状况较差的老年人则存在一定困难。

在改造时,可通过拆除违建建筑物、配套管理用房、住宅楼底层等,形成大面积的开放空间;并通过合理规划场地,补充相应活动设施,为居民提供环境宜人的公共活动空间。在选择需要拆除的建筑物时,应充分考虑到实施的可行性。同时,应根据具体情况合理选择所在位置,可挑选靠近小区边界的建筑物进行拆迁,使其不仅为小区内部服务,也可为社区所共享;或选择尽量靠近小区中心的建筑物,使该小区居民可以便捷地到达。

另外,还可采用化零为整的策略,拆除或取消社区中将公共空间分割得更加细碎的棚屋、围墙或绿地等,形成的开放空间可以成为居民活动、休闲的场所。通过对南京市玄武区丹凤街片区的调研,设计者(黄菲柳、戴赟)关注到小区之间围墙的存在令两侧的空间变得十分消极。围墙与住栋之间的空间被用来摆放杂物、停放自行车、私建棚屋和堆放垃圾等等(图1-15)。其改造策略为拆除原有小区之间的围墙和棚屋,将原有围墙两侧空隙空间合并,改造为可供社区居民共享的散步、休闲的公共活动空间。其与小区的边界可以通过铺地、绿化等其他方式进行限定,保证小区一定的领域感和私密性。

图1-13 社区中存在公共空间私用化的问题

通过增设二层活动平台,可以实现对公共空间的高效开发和利用,同样达到增加活动空间的目的。活动平台可底层架空,其地面空间可为动态、静态交通服务,或为人们提供休憩、活动的灰空间;人们的主要活动场所由地面转移到空中后,可以避免交通穿行等不良影响,使休闲活动功能更为纯粹。为了便于老年人使用,应注意设置坡道或升降平台、电梯设施,确保活动平台有较好的可达性,也可与现状社区中原有的二层公共平台相连。

例如在广州市细岗旧城区的更新改造中(图1-16)[①],设计者(劳卓健)利用住栋之间的空隙空间,将机动车、非机动车集中停放于地面,计划可停放非机动车779辆,机动车59辆。二层则由休闲步道将若干活动场地相串联,形成连续的休闲步行系统;并通过屋顶绿化及相应的场地设施设计,营造舒适宜人的活

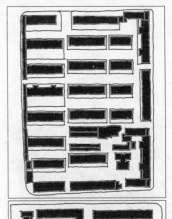

图1-14 建设新村(上)、天坛村(下)总平面

---

① 图片来源:http://www.gooood.hk/_d274208167.htm

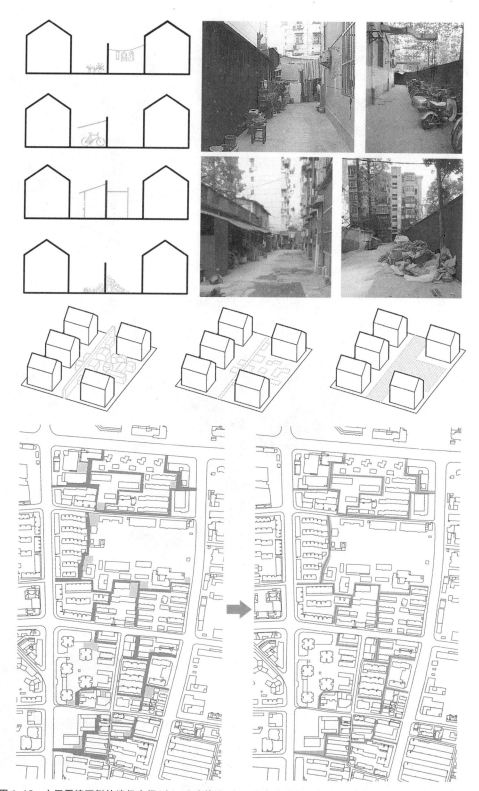

图 1-15 小区围墙两侧的消极空间(上)、改造策略(中)、改造前后的对比(下)(黄菲柳、戴赟)

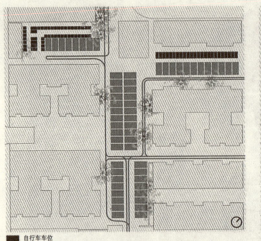
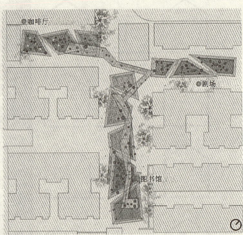
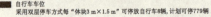

图 1-16 广州细岗旧城区更新改造案例（劳卓健）

动场所。此外，活动平台上还设有一定室内服务设施，包括咖啡厅、图书室以及小剧场，进一步激发各种社区活动的发生。

4）有效利用闲置场地

社区中的一些空地出现闲置、未被有效利用的情况，例如住宅前后的空地、山墙间的空地等等（图 1-17）。这主要是由于场地设施不完善所导致。例如缺乏休息活动设施，如座椅、遮阳设施、健身器材等；绿化景观缺乏养护；铺地、照明设施由于管理和

图 1-17 社区中的闲置场地

图 1-18 老年人种植在花盆、泡沫箱、宅前绿地中的蔬菜瓜果

维护不善出现老化等。在改造时,应根据社区已有活动场地分布情况及居民需求,对闲置场地的功能进行重新定位,如健身空间、棋牌空间、休憩空间、公共菜园等。在确定功能后,应着重完善相应场地设施,并在今后的使用中加强管理与维护,使闲置场地成为老年人及社区的其他居民休闲、交往等活动的积极空间。

通过调研发现,老年人喜欢在社区中种植蔬菜瓜果,社区中随处可见老年人种植在花盆、泡沫箱、宅前绿地中的丰硕成果(图 1-18)。可将闲置场地、退化的绿地改造为社区菜园。不仅可以增加社区绿化,改善住区环境,还可以发动居民参与社区建设,促进邻里交往与社区凝聚力,丰富老年人生活。例如远洋之帆公益基金会组织的"老社区,新绿色"活动,通过举办"生态家庭种植大赛"活动,向社区发放蔬菜种子,并协调农科院蔬菜中心专家为居民进行种植培训。2011年,活动推广到北京市 6 个城区 130 多个社区的 9 000 多户居民家庭中。在活动的推动下,居民将社区中废弃的煤棚、已荒废的绿地等纷纷改造为菜园,进行蔬菜瓜果的种植。[1]

2　场地设施改善

空间场所的营造与场地设施的完善密不可分,上一节中无论是街道空间还是户外活动空间的适老性改造策略都离不开相应场地设施的补充和改善。在适老性改造中,应对不适于老年人使用、存在安全隐患的场地设施进行改造或更换,避免由此产生的意外事故,以及空间质量下降、空间浪费的情况发生。

2.1　无障碍改造

《中国老龄事业发展"十二五"规划》中明确提出,要"推行无障碍进社区","加快对居住小区、园林绿地、道路、建筑物等于老人日常生活密切相关的设施无障碍改造部分,方便老年人出行和参与社会生活"[2]。可见,无障碍改造是我国老龄事业发展、建立适老性居住环境的重要内容。无障碍设计具体包括对老年人、残疾人及其他人群在信息障碍、行动障碍、动作障碍、意外事故方面进行设施改善。

1)地面铺装

无论是人行道、宅间小路,还是绿地景观中的小径,地面都

---

[1] http://laoshequxinlvse.sinooceanland.com/
[2] 中国老龄事业发展"十二五"规划[Z].国务院[2011]28 号,2011 年 9 月 17 日.

应首先确保其平坦性，在改造中应对地砖破损、井盖凸起等带来的高低不平情况进行整治（图2-1）。

其次，地面材料及铺装应尽可能平整，一些纹理或凹凸明显的材质、不够紧密的连接会增加老年人行走的危险性，并使轮椅过于颠簸。而过于复杂或色彩反差大的地面铺装则可能会引起老人眩晕，或被有视觉和认知障碍的老年人误认为是台阶[①]。因此，尺度较大的路面铺装对老年人来说是更为有利的，老年人也可以更容易觉察到其中的不平整从而避免。地面材料还应特别注意防滑性，如圆形卵石地面在雨雪天气条件下十分危险。在改造中应视情况对平整性、防滑性较差的地面材料进行更换。

图2-1 地面存在破损、高低不平的问题

2）高差处理

社区中地面的高差变化为行动不便，尤其是坐轮椅的老年人带来了通行障碍，也是引起老年人摔跤、磕碰的一个主要原因。这些高差变化主要出现在人行道地面与车行道地面的交界处，活动场地与道路的交界处，地势变化以及建筑室内外形成的高差等等。

人行道的地面为了与车行道区分以及便于排水，通常高出车行地面0.15~0.20 m。为避免人行道路缘石给轮椅乘坐者带来通行障碍、方便其进入人行道，在各种路口的人行道及城市广场、公共建筑等处，均应设置可供轮椅通过的缘石坡道。通过现状调研发现，一些路口的人行道等处缺乏缘石坡道的设置，亟须改造（图2-2）。缘石坡道的形式可以设计为单面坡形、三面坡形及扇面形等，并满足相应的坡度及宽度要求。例如全宽式单面坡缘石坡道的坡度不应大于1/20，三面缘石坡道的坡面的正面及侧面的坡度不应大于1/12，正面坡道宽度不应小于1.20 m。缘石坡道的坡面应平整且不光滑，下口高出车行道的地面不得大于10 mm[②]。

图2-2 人行道未设缘石坡道

除了人行道，一般活动场地也会与道路存在一定高差（图2-3），在适老性改造中视情况增设坡道，确保其室外台阶与坡道的设置符合无障碍设计要求。包括台阶踏步最小宽度是0.30 m，最大高度0.15 m。室外坡道坡度不应大于1/12，与台阶并用时有效宽度不应小于0.90 m，且坡道长度不应超过10 m，否则应增加休息平台等[③]。

图2-3 活动场地与道路间的高差

---

① （英）伊丽莎白·伯顿，琳内·米切尔.包容性的城市设计——生活街道[M].费腾，付本臣，译.北京：中国建筑工业出版社，2009：122.
② 无障碍设计规范（GB 50763—2012）[S].3.1.
③ 老年人居住建筑设计标准（GB/T 50340—2003）[S].3.6.

图 2-4 桥面与道路形成的高差

图 2-5 住区中高差较大的情况

另外,通过调研发现,现状中在桥面与道路的交接处,也常常会出现一步高差(图 2-4),在改造时应通过增设坡道以形成平缓的过渡,防止老人磕绊、摔倒的情况发生。

一些小区将住宅抬高半层,以便地下停车,或者将二层平台作为住户入口层,一层为商业用房,以及由于地势等原因形成的高差,通常高度变化较大(图 2-5),无障碍改造存在一定困难。除上述室外台阶及坡道满足无障碍设计要求外,也可考虑设置升降平台供行动不便、轮椅使用者使用。垂直升降平台的面积不应小于 1.20 m(深度)×0.90 m(宽度),斜向升降平台的面积不应小于 1.00 m(深度)×0.90 m(宽度),且平台应设扶手、挡板及呼叫控制按钮①。另外,室外台阶及坡道两侧还需特别注意栏杆及扶手的设置,台阶宽度在 3.0 m 以上时,应在中间加设扶手,扶手高度宜为 0.90 m,设置双层扶手时下层扶手高度宜为 0.65 m②。

3)盲道

为使有视觉障碍的人可以顺利通行,需在人行道等位置铺设盲道,即一种固定形态的地面砖,使视障者产生不同的脚感,诱导视障者向前行走和辨别方向以到达目的地。盲道包括提示前进的行进盲道,以及在转弯、终点、服务设施位置处起提醒注意作用的提示盲道。社区中应设置盲道的区域如表 2-1③④。通过调研发现,现状中往往存在人行道中的提示盲道不完善,绿地中盲道设施严重缺乏等问题,应在改造中补充和完善盲道设施。

表 2-1 社区中应设置盲道的区域

类别	位置
绿地	居住区公园和小游园入口地段应设盲道
	绿地内台阶、坡道和其他无障碍设施的位置,应设提示盲道
	组团绿地、开放式宅间绿地、儿童活动场、健身运动场的出入口应设提示盲道
其他	视觉障碍者集中区域或周边道路应设盲道
	坡道的上下坡边缘处应设提示盲道

4)无障碍停车位

为让使用轮椅的老人或残疾人可以顺利上下车及通行,社

---

① 无障碍设计规范(GB 50763—2012)[S]:3.7.3
② 老年人居住建筑设计标准(GB/T 50340—2003)[S]:3.6
③ 无障碍设计规范(GB 50763—2012)[S]:4.2,7.2
④ 住房和城乡建设部标准定额司.无障碍建设指南[M].北京:中国建筑工业出版社,2009:77.

区中的停车场(库)应根据规模设置残疾人车位,一般不少于车位总数的2%,且至少有一个无障碍车位[1]。应将通行方便、行走路线距离最短的停车位设为无障碍机动车停车位,车位一侧与其他车位应留有宽1 200 mm以上的轮椅通道,以方便使用者在汽车与轮椅之间的换乘[2]。

2.2 休憩及活动设施

1) 遮蔽设施

休息活动空间中应设置一定的遮蔽设施,不仅能起到一定防晒、遮风、挡雨的作用,还可以限定空间,为人们提供围合感和安全感,从而促进人们停留、休憩、交往行为的发生。这种遮蔽设施可以是一棵树,一面墙,建筑物的凹处或底层架空空间,也可以是遮阳篷、凉亭、长廊等等。这些设施"既可以提供防护,又有良好的视野"[3],可以使人们安然地观察周围的空间。例如南京市朝天宫"万仞宫墙"的花坛前坐满了老年人,这和其背墙面水,符合上述条件的典范是分不开的。而现状中一些"大而无当"的空间,由于缺乏此类遮蔽设施,而鲜有人使用,造成公共空间的闲置和浪费,例如南京市月牙湖广场就存在此类问题(图2-6)。在改造中,应在户外活动空间中增设遮蔽设施,吸引、激发人们的自发性、社会性活动。

图2-6 朝天宫"万仞宫墙"前(上)、月牙湖广场(下)

2) 坐息设施

如果说遮蔽设施的设置是为了吸引人们的注意力,以挡风遮雨的姿态呼唤人们的前往,那么坐息设施的设置则是让人们用或坐、或倚、或躺的姿势在场所进行更长时间的停留,而不仅仅是路过和片刻的驻足。越长时间的停留则意味着越可能会有更多的活动发生。坐息设施可以是休憩座椅,也可以是任何可以与人们的身体发生关系,适合老年人体尺度的物体,例如花坛挡墙、水池池壁、可供人们倚靠的矮柱等等(图2-7)。

图2-7 木质座椅

通过调研发现,很多老年人都反映社区存在坐息设施过少的问题。这同样会导致即使有良好的景观条件或活动场地,但不能充分容纳相应的活动而形成空间、景观资源的浪费。因此,在适老性改造中,对于存在上述问题的室外公共空

---

[1] 李志民,宋岭.无障碍建筑环境设计[M].武汉:华中科技大学出版社,2011:260.
[2] 无障碍设计规范(GB 50763—2012)[S]:3.14
[3] (丹麦)扬·盖尔.交往与空间[M].何人可,译.北京:中国建筑工业出版社,2002:155

间应增设坐息设施,以满足社区内老年人及其他居民的活动需求。坐息设施的位置选择应经过谨慎的考量。通常其设置应与上述的遮蔽设施相配合,即位于人们背面受保护、顶面被覆盖的空间中;或其他视野良好,便于观察社区内活动的地点,让老年人感觉在参与社区生活,如开放空间的边缘等;也可设置在景观条件好,环境优越的场所,供老年人休憩和观赏。考虑到轮椅使用者的需求,在坐息设施旁,还应为轮椅停留提供空间。并且坐息设施应有较好的可达性,与道路应由建设良好的硬质铺地连接。

3）健身设施

为了满足老年人室外健身活动的需求,社区中应设置一定健身设施,如健身器械、运动场等。一些近年来建设的高档社区配备有篮球场、网球场等体育活动场地,但忽视了老年群体的活动需求。在改造中,应补充和加建适合老年人活动的健身器材和活动场地,例如健身步道、乒乓球、羽毛球、门球场等。

4）标识设计

通常老年人随着年龄增长而会出现视觉衰退的情况,主要表现在近距离视力下降,对形象、颜色的辨识力退化等等。因此,标识文字和图案细小、模糊,以及位置过低或过高,距人行道过远等都会造成老年人阅读上的障碍。在适老性改造中,对于此类问题,应调整标识牌的位置,加大其文字和图案,并提高其与背景的色彩和明暗对比度,例如可采用白字或白色图案配黑色或深色背景等,使其更加清晰、易读。

3 社区养老服务设施建设

社区层级的养老服务设施即指社区中以老年人为主要服务对象的服务设施。其包括综合性服务设施,如老年服务中心（站）、老年活动中心、日托或全托的托老所;以及各类以单项功能为主的服务设施,例如老年餐厅、老年棋牌室等。社区养老服务设施可为老年人提供各类养老服务,是老年人社区居家养老的重要保障。在适老性改造中,应结合老年人对于养老服务的需求,对社区养老服务设施进行补充和优化,形成养老服务网络的全覆盖。

3.1 服务内容及需求

结合老年人在生理及心理层面的特征和需求,以及我国

"老有所养、老有所医、老有所教、老有所学、老有所为、老有所乐"[1]的老龄事业工作目标,社区养老服务内容主要包括生活照料、医疗保健、文体娱乐、精神关爱、托老居住、紧急救援、法律服务等(表3-1)。

表3-1 养老服务内容总结

服务类别	服务内容	可上门/远程服务内容	可合作服务机构和组织	硬件设施条件
生活照料服务	助餐服务:集中用餐、上门送餐、上门做餐	上门送餐、上门做餐	餐饮公司、送餐公司	厨房、餐厅
	家政服务:助洁服务、洗衣	助洁服务、洗衣	家政公司、公益组织	无
	个人护理服务:助浴、理发	助浴、理发	家政公司	无
医疗保健服务	助医服务:预约挂号、陪送老年人到医院就医、代为取药、协助老年人进行康复运动等	陪送老年人到医院就医、代为取药、协助老年人进行康复运动等	医疗护理机构	医疗室、理疗室、康复室
文体娱乐服务	协助老年人开展各种类型有益于身心健康的文化体育娱乐活动	远程文娱	公益组织	多功能厅、网络室、阅览室、书画室、棋牌室、乒乓球室等室内活动室及室外活动场地
精神关爱服务	为老年人提供精神慰藉和关爱	心理咨询	心理咨询机构、公益组织	心理咨询室、情感理疗室
法律援助服务	转介由法律从业资质的律师或律师事务所提供咨询服务	法律咨询	法律服务机构	法律咨询室
代购、代办服务	提供代购、代领物品,代缴费用等服务	代购、代领物品,代缴费用等服务	家政公司	无
托老居住服务	提供全托、日托和临托服务	通常无	通常无	老人休息室(日托)、老人居室(全托)、起居室、沐浴室、卫生间

3.2 典型模式

通过对养老服务设施现状的调查,我们发现既有社区养老服务设施往往存在数量不足、部分服务功能欠缺的问题。针对这种情况,在适老性改造中应通过新建或改建的方式,补充建设社区养老服务设施,以形成各类社区养老服务网络的全覆盖(图3-1)。另外,部分已有的养老服务设施存在建筑、场地面积不足,采光较差等问题,仍需对其进一步改造和优化。下面分别

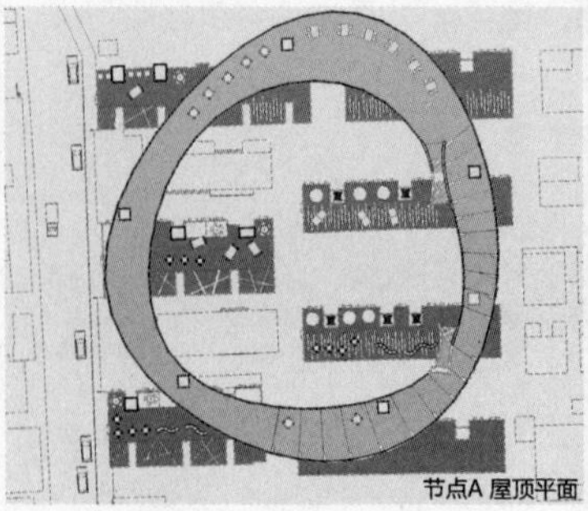

图3-1 社区养老服务网络全覆盖
(翁金鑫、李鑫磊)

---
[1] 中国老龄事业发展"十二五"规划[Z].国务院[2011]28号,2011年9月17日.

从养老服务设施建设的两种典型模式——改建和新建,对养老服务设施的补充建设和改造优化进行阐述。

3.2.1 改建

已有改建限于资金、运作等各方面原因,通常受项目用地、建筑条件限制较大,改造动作小,只是限于在内部改变原有空间布局。改建的对象可以为住宅、沿街商业用房、社区用房等等(表3-2)。

表3-2 南京部分养老服务中心改造前用途

名称	行政区划	改造前用途
爱德居家养老服务中心	秦淮区秦虹街道	社区用房
鼓楼区心贴心老年人服务中心	鼓楼区凤凰街道	沿街商业
鼓楼区工人新村"幸福驿站"睦邻中心	鼓楼区中央门街道	社区用房
鼓楼区南山园老年人服务中心	鼓楼区中央门街道	沿街商业
锁金村·万家帮社区养老服务中心	玄武区锁金村街道	沿街商业
新街口老年服务中心	玄武区新街口街道	社区用房
孝陵卫银发乐园	玄武区孝陵卫街道	住宅底层
兴达社区(金德松)老年服务中心	建邺区南苑街道	社区用房
白下区鸿逸居家养老服务中心	秦淮区	社区用房

图3-2 "幸福驿站"睦邻中心

1) 社区用房功能置换

社区、街道的办公管理用房一般位于小区内部,为一至三层的低层建筑,环境相对安静,室外场地的余地通常较大。在改造设计时应注意室内服务设施与室外社区公共活动空间的结合设计,还可考虑利用其屋顶空间等,使其成为社区中具有吸引力和活力的场所。例如鼓楼区工人新村"幸福驿站"睦邻中心由原有一层社区用房改造而成,靠近小区中心,环境相对安静(图3-2)。其内部功能包括多功能娱乐室、电脑室、理疗室、摄影室等。服务中心外部及内部庭院均有一定场地空间,但均未得到较好的利用,应进一步对其进行设计和改造,为老年人开展各类室外活动创造条件。

2) 住宅功能置换

由小区内部住宅改造而成的养老服务设施环境相对安静,主要服务于所在小区,老年人使用方便。但一般住宅内部开间较小,房间分隔多,改造受建筑条件限制较大。并且,室外场地也通常十分有限,后勤流线设计需注意不能干扰相邻住户(图3-3,图3-4)。

图3-3 秣陵路社区居家养老服务站

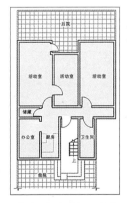

图3-4 玄武区银发乐园平面图

现有改造多是利用底层的单户住宅进行功能置换,建筑面积较小。当有条件、需要建设更大规模的养老服务设施时,可考虑整层或多层的功能置换。例如在对玄武区居安里小区的改造研究中(图 3-5),设计者(骆佳、刘畅、何永乐)通过二层的室外平台将四栋住宅楼相连接,将原有住宅的一层改造为服务于小区的公共服务设施,如机动车停车、商业店铺,将二层改造为老年人休闲娱乐、保健康复设施,与室外的二层平台共同构成老年人的活动空间,三层则改造为提供托老服务的居住生活空间。通过"纽带"将四栋住宅楼连接而共同形成的养老服务中心,不仅有效补充了社区中缺少的养老服务设施,通过底层车库、二层步行平台等方式也大幅改善了社区的室外公共空间环境。

图 3-5　南京市玄武区居安里小区改造案例(骆佳、刘畅、何永乐)

3) 沿街商业用房功能置换

由沿街商业用房改造的养老服务中心,交通便捷,开放性较强,方便为整个社区服务,并带动邻近商业功能置换为与老人相关的产业,如售卖老人保健品、生活用品的商店、棋牌活动室等。其与相邻街道空间联系紧密,环境相对嘈杂,室外活动场地十分

图 3-6 心贴心老年人服务中心

局限。商业用房通常为框架结构,跨度大,分隔较灵活。其进深一般较大,进行房间划分后很可能出现不能自然通风采光的"黑房间",改造设计时应尽量降低其不利影响。

例如鼓楼区心贴心老年人服务中心(图 3-6),位于凤凰西街和嫩江路交叉口,由沿街三层的商业用房改造。其室外空间被步行交通及停车占据,没有老人的室外活动场地。改造利用商业用房的较大层高加建了夹层空间。一层布置大活动室、餐厅和后勤用房,由于夹层层高较低,多布置办公、储藏,以及小活动室;二层则为老人居室。该商业用房由于进深较大,改造后部分房间不能自然通风采光,其功能多为康复、理疗、电子阅览等活动用房,环境质量较差。

3.2.2 新建

除了对已有建筑进行功能置换,还可利用社区中的原有空地,或拆除建筑质量差、利用率低的建筑,新建养老服务设施。

由于社区层级的养老服务设施具有服务半径小、规模小的特点,新建时可见缝插针式的嵌入社区环境之中,并注重与室外空间的紧密结合。例如在一些社区中,居民私自搭建的棚屋占据了大量公共空间,若将这些棚屋拆除,释放的空地则可用于养老服务设施的建设。在南京市丹凤街片区的改造案例中(图 3-7),设计者(戴赟、黄菲柳)将商业、医疗站、活动室、咖啡吧、阅览室等服务设施置于由钢制集装箱堆叠而成的结构体中,并插建于释放的社区空地中,为老人及社区里的其他居民补充必要的公共服务设施。这些小尺度的服务单元成组设置,并围合而成活动广场,达到室内服务设施与室外活动空间的充分融合。这些设施可设置在与城市道路相接,或社区内部的开放空间节点上,形成具有活力的公共空间。采用钢制标准集装箱结构体系具有运输和组装便捷、造价低廉、可回收再利用、拆建后可以异地重建等优点。[①]

既有社区中服务设施的新建除了在地面上进行水平方向的扩展,在垂直方向上,向地下或高空发展也是未来一个可能的途径。譬如在南京市丹凤街片区大石桥的改造案例中(图 3-8),设计者(倪贤斌)对宅间空地的地下空间进行开发,在地下一层为老人提供活动室、乒乓球室等娱乐活动空间,并通过设置采光井解决地下空间的通风与采光问题。同时,地上空间也被改造为老年与儿童的室外休憩场地,与地下的室内活动室共同构成

---

① (英)保拉·萨西.可持续性建筑的策略[M].徐燊,译.北京:中国建筑工业出版社,2011:78-79

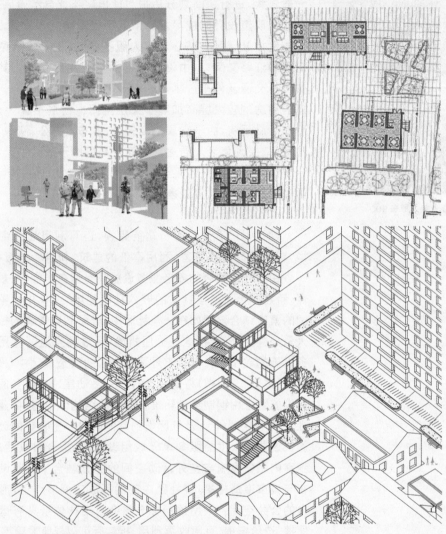

图 3-7 插建于社区空地的养老服务设施（黄菲柳、戴赟）

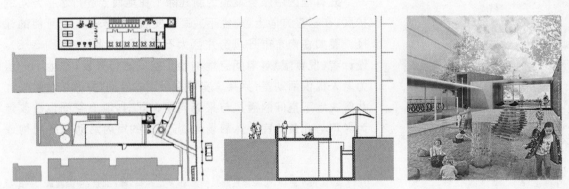

图 3-8 开发地下空间，建设养老服务设施（倪贤斌）

为老服务设施。其位置选择在靠近小区外部道路处，方便社区居民共享，并通过入口空间的设计增强标志性，吸引人们前往。利用宅间空地的地下空间建设养老服务设施的优点是基本不对住宅楼中的居民形成采光、噪声等方面的干扰，不足之处是地下空间的开发造价较高。

另外一种方式即向垂直方向的高空发展，例如在垂直方向将养老服务设施与其他功能设施相混合，如商业、住宅、办公、停车等等，尽可能发挥土地最大效益，其他功能的盈利还可作为养老服务设施的运营资金等。并且，不同功能的复合可以带来效率及活力的提升，如将社区商业设施与养老服务中心相结合，老人在去服务中心活动后可以顺便去超市购物。OMA设计的广州时代美术馆是公共设施与住宅相结合的一个典型实例（图3-9）①。库哈斯摒弃了甲方为他准备的社区里的大片空地，而选择建设美术馆与住宅的功能混合体。该设计把美术馆分割成几个部分，嵌入到时代玫瑰园三期A1、A2两栋住宅楼的数个不同楼层之中（主要为地下一层、一层以及顶层），并通过一个附加在两座塔楼之间的电梯相联系。公共空间与住宅这一私人领域的组合，在冲突碰撞的同时也制造了更多偶遇的互动，提升社区活力，并引起人们的关注。

图3-9 与住宅相结合的广州时代美术馆

除此之外，还可将养老服务设施的建设与住宅楼的改造相结合。在南京中山东路片区的改造研究中（图3-10），设计者（李鑫磊、翁金鑫）在为住宅楼增加电梯的同时，将电梯井作为支撑结构，用加建于住栋屋顶的"活动圈"将六个住宅楼相串联，为老人及社区内的其他居民提供餐饮、娱乐活动、保健康复等活动

---

① 图片来源：http://www.ikuku.cn/project/guangdong-shidai-meishuguan-remkoolhaas。

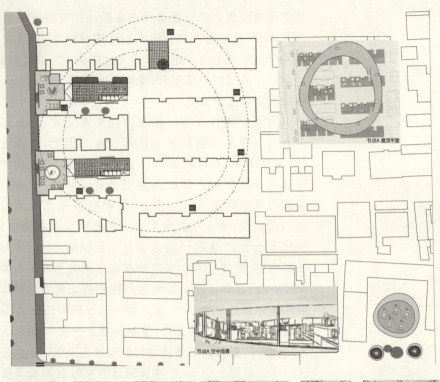
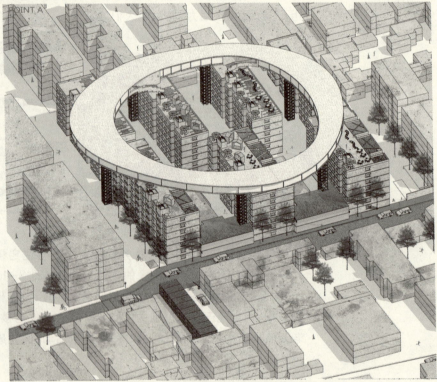

图 3-10 作为支撑结构的电梯井同时支撑了顶部的活动圈(李鑫磊、翁金鑫)

设施。"活动圈"通过楼梯与各个住栋的屋顶空间相连接,并通过对这些屋顶空间的改造和再利用,为居民提供室外活动场地。同时,在住栋之间沿街一侧加建的二层体量也可为养老服务中心、商铺等提供空间,进一步提升屋顶"活动圈"的可达性和公共性,增强其吸引力。

4　结语

结合对于老年人需求及南京既有社区的调研情况,针对室外公共空间存在的现状问题提出相应的改造策略。例如在对街道空间的改造上,应整治步行空间、梳理生活空间、增设休息空间;对于户外活动空间,应增建停车设施、治理公共空间私用化、增加活动空间、有效利用闲置场地。同时,为保障室外公共空间的安全性和适用性,在适老性改造中,应对场地设施进行完善,包括无障碍改造、休憩及活动设施的补充和优化,以及对于社区标识设计和照明设计的改造,使其满足老年人的使用需求。

基于对社区养老服务设施的功能需求及现状调研,为了解决养老服务设施不足、服务功能缺乏等问题,在适老性改造中,应对社区养老服务设施进行补充和优化。养老服务设施建设的典型模式可分为改建和新建,其中改建的对象包括社区用房、住宅及沿街商业用房;新建的策略包括水平方向及垂直方向的扩展等。通过对居住环境不同层级的改造,进一步提升老年人生活的安全性、便捷性和舒适性。

参考文献

[1] 中国老龄事业发展"十二五"规划[Z].国务院〔2011〕28号,2011年9月17日.
[2] (英)伊丽莎白·伯顿,琳内·米切尔.包容性的城市设计——生活街道[M].费腾,付本臣,译.北京:中国建筑工业出版社,2009.
[3] (丹麦)扬·盖尔.交往与空间[M].何人可,译.北京:中国建筑工业出版社,2002.
[4] (日)荒木兵一郎,藤本尚久,田中直人.国外建筑设计详图图集3:无障碍建筑[M].章俊华,白林,译.北京:中国建筑工业出版社,2000.
[5] 王江萍.老年人居住外环境规划与设计[M].北京:中国电力出版社,2009.
[6] 李志民,宋岭.无障碍建筑环境设计[M].武汉:华中科技大学出版社,2011.

智慧化手段在社区居家养老模式中的应用

李天娇　鲍莉　张玫英

1　智慧养老概述

智慧养老是智慧城市的理念与养老居住的结合,是社区居家养老模式的有力支撑。2008年11月,IBM公司提出了"智慧地球"的理念,"智慧城市"的概念也相继而生[①]。IBM将智慧城市定义为可以充分利用所有今天可用的互联网信息,从而更好地理解和控制城市运营,并优化有限资源使用情况的城市。智慧城市建立在数字城市的基础上,"充分运用物联网、传感网等信息通信技术,感测、分析、整合城市运行核心系统的各项关键信息,从而对于包括民生、环保、公共安全、城市服务、工商业活动在内的各种需求做出智能的响应"。[②]其中,通过各种传感器和智能设备组成的"物联网"进行"全面感测",与互联网"充分整合",并与城市各系统"协同运作"是其突出特征。智慧城市的未来愿景是一种基础设施高端、管理服务高效、产业生机勃勃、环境智慧友好、未来特质明显的新型城市形态(图1-1)。

图1-1　智慧化城市愿景图

智慧化手段在社区居家养老模式中的应用包括智慧化养老服务和智慧化居住环境两方面(图1-2)。在养老服务方面,利用先进的信息技术手段搭建的养老信息服务平台,可以将老年人、政府、社区、医疗机构、日常照料服务机构、社会服务机构等相关方紧密联系起来,进而为居家老年人提供专业化、智能化、实时高效、低成本的养老服务,对实体社区服务设施形成有力补充。在居住环境方面,对既有社区、住栋、居室进行智能化改造,可以实现健康和活动监控、环境和设备控制、安全防护与管理、文娱活动与交往等作用,为老年人创造更加安全、舒适、便捷的居住环境。

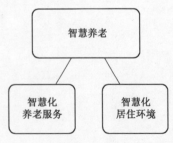

图1-2　智慧化社区居家养老应用组成图

---

①② IBM.智慧的中国,智慧的城市(智慧城市白皮书)[Z].2009.8

2 智慧化养老服务

2.1 服务内容

智慧化养老服务的内容主要包括生活照料、医疗保健、精神关爱、文娱活动、法律援助等等，可以延伸至老人生活医、食、住、娱的各个方面（表2-1）。如杭州市西湖区正在建设的"智慧养老云服务平台"将养老服务分为远程医疗保健、远程居家养老、网上商城、情感关怀、远程文娱、远程教育、虚拟社团等7大类122项细化服务[①]。苏州市沧浪区"邻里情"虚拟养老院共有物业维修、人文关怀、娱乐学习、应急救助六大类53项服务项目。

表2-1 智慧化养老服务内容

生活照料	医疗保健	精神关爱	文娱活动	法律援助
上门生活照料服务	上门医疗保健服务 紧急救援 健康监测 远程医疗	心理咨询服务主动关怀服务与子女便捷联系	远程文娱 远程教育 虚拟社交	法律咨询服务

在生活照料、医疗保健、精神关爱、法律援助等方面，智慧化养老服务的内容主要为建立社区居家养老服务平台，实现居民服务需求和服务供应方有效对接，使社区居民获得及时、快速、便捷的求救求助专业化服务。例如当发生意外状况时，老年人可通过紧急呼叫器等智能客户端发出求救信号；老年人随身携带或安装在住宅中的各类传感器探测到异常状况后也可自动向服务平台发出报警信号，相关医护人员、老年人家属则可及时赶到进行救援。当老年人需要生活照料、医疗保健等各类上门服务时，也可通过智能客户端、网络平台，以及拨打热线电话等方式向服务平台发出服务需求信息。老年人可通过居家养老服务平台进行心理咨询和法律援助方面的咨询等。在精神关爱方面，服务人员还可为老年人提供主动关怀服务，如生日祝福、精神慰藉服务等。

除了紧急救援和上门医疗护理服务，智慧化养老服务在医疗保健方面的应用还包括健康监测及远程医疗。通过各类医用传感器，可实现对老年人的健康状况进行长期监控，如血压跟踪测量、远程心跳监控等等，从而建立老年人的健康档案，起到发

---

① 浙江在线网.http://zjnews.zjol.com.cn/05zjnews/system/2012/05/03/018460061.shtml

现状况及时救治的作用。另外,通过网络平台,老年人还可以进行医疗保健方面的远程挂号、咨询与治疗。

在文娱活动方面,智慧化养老服务的应用主要包括远程文娱、远程教育、虚拟社交等,有助于老年人拓展兴趣爱好,丰富晚年生活,并广泛结交志同道合的朋友。

在精神关爱方面,智慧化手段还可以帮助老年人更加便捷地与子女取得联系,例如远程视频、照片分享等。例如友谦网络推出的"微相框"应用(图2-1)①,将相框硬件放在老年人家中,老年人的子女则可通过手机App分享自己的最新照片到相框里,使老年人可以实时观看子女的近况。

图2-1 "微相框"

2.2 运作机制

通过信息技术和物联网技术,实现老年人的求救求助信息与服务供应方的有效对接是智慧化养老服务中最主要的内容。其运作机制可简单概括为,通过虚拟的呼叫平台系统及实体的呼叫服务中心,对智能终端或各类传感器所接收的老年人求救求助、健康状况等信息进行处理,为老年人提供各方面服务(图2-2)。

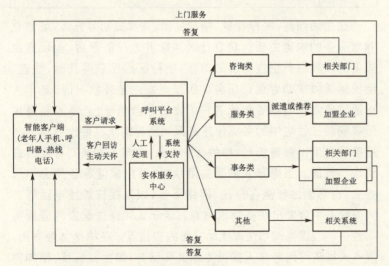

图2-2 智慧化养老服务运作机制示意图

呼叫平台的信息系统包括为老服务各环节各群体的信息管理系统,如老年人基础信息库、服务组织评估系统、志愿者管理系统等,以及处理各种服务信息的服务平台系统,如紧急救援服务系统、健康服务系统、生活服务系统等等(图2-3)。

---

① 图片来源:36氪.http://www.36kr.com/p/206224.html

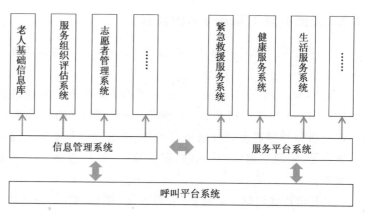

图 2-3　呼叫平台组成

例如杭州市西湖区推行的养老服务信息系统,通过建立统一的老年人基础信息数据库,把全区老年人身体状况评估、申请政府补贴对象资格评审、政府补贴和资金结算、为老服务业务进行全过程数字化管理。该系统可以根据老年人的年龄、身体状况、活动状况自动生成养老服务需求评估结果,确定老年人每月享受政府提供的服务时长。

志愿者管理系统可采用"爱心时间银行"机制,低龄老人或年轻志愿者为社区内高龄老人提供服务获得的积分会被存进"时间银行",有需要时,志愿者可以将积分取出,自己使用或转出给直系亲属享受养老服务。

在呼叫平台对呼叫信息进行处理的基础上,现阶段还通常需要建立实体的呼叫服务中心,对老年人的求救求助信息进行人工处理、决策、协调的工作。如南京市秦淮区鸿逸居家养老服务中心,工作人员主要负责收到客户信息后,与老人本人、家人、相关护理机构、服务机构进行沟通和协调。又如杭州市西湖区的助老呼叫中心,实行 24 小时守候式服务,有专人值班,并备有应急分队,随时处理老年人突发性情况。

智能终端产品包括安装在老年人家中的居民呼叫器(图 2-4)、佩戴在老人身上的便携式呼叫器、老年人手机等。老人可通过按下呼叫器上的按钮向服务平台发出求救求助信息。有些便携式呼叫器或老年人手机中装有专业化芯片,服务平台可对走失老人或发生危险的老年人进行卫星定位。另外,一些地区还开通了养老服务热线,老年人可通过拨打热线电话与服务中心取得联系,服务中心也会通过拨打老年人电话对老年人进行主动关怀,如全国民政公益热线"12349"及上海市的"96890"养老服务热线等等。

图 2-4　居民呼叫器

2.3 我国智慧化养老服务的发展

1) 部分城市通过政企共建的方式,已经建立了智慧养老服务信息平台

2013年6月,北京市首个"智慧养老"基地落户东城区北新桥街道。在"政府搭台、企业参与、示范带动"的发展思路下,"北新桥智慧养老综合服务平台"正式启动,为老年人提供家庭服务、紧急求助、医疗保健、安全监控、精神慰藉五大方面的服务。

马鞍山市通过政企共建的"智慧养老"平台,截至2013年9月,已提供服务1.8万人次。目前签约各类社会服务企业1900余家,登记在档的60岁以上老人5.8万,拥有"爱心时间银行"志愿者1840人。

2) 养老服务呼叫器、传感器等设备已经走入了部分老年人的家里

2012年上海为一些高龄独居老人安装了"智能居家宝",可实现对老人的安防监控。例如老人睡觉超过12小时或烟雾和煤气浓度超标可以自动报警,另外老人也可通过"随身紧急按钮"向服务平台求助(图2-5)。

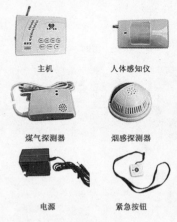

图 2-5 智能家居宝

3) 政府通过对困难老人家庭提供无偿养老服务,或采取发放养老服务券的方式为老人提供援助

例如天津市西青区60岁以上的低保、无保、特困老人及80岁以上的全体老年人,每人每月可以领到100元、150元、200元不等的养老服务券享受"虚拟养老院"提供的服务。苏州居家乐养老服务中心分A、B、C三个层面为老年人提供无偿、抵偿和有偿服务。其中,A类对象为政府重点援助的老人家庭,B类对象为政府一般援助的老人家庭,C类对象为自己买单的普通老人家庭,经统计加入到"虚拟养老院"的家庭以A类和B类为主。

目前智慧养老在中国还普遍处于试点阶段,覆盖面小,受惠老人数量少,且服务对象仍集中于政府重点援助的老人家庭。2010年,南大苏福特与IBM在南京正式启动"智慧养老项目",南京首个利用物联网技术的"智慧养老"方案在鼓楼区的养老机构率先试点。2012年,南京市养老服务体系建设的信息化工作全面启动。玄武区、秦淮区(原白下区)继鼓楼区之后成为江苏省虚拟养老信息化建设试点区,2014年底受惠老人已达到5000多人。南京电信配合市老龄委,在2015年实现养老服务

信息管理系统、老年人居家呼叫服务系统和应急救援服务网络在南京市城乡的全面覆盖。

截至 2012 年，南京已为全市困难独居老人安装紧急呼叫系统 15 326 台，2013 年计划扩装至 20 000 台，并免费发放带 GPS 定位功能老年人手机 3 000 部。南京市现已安装使用的呼叫系统以南京金康信息技术服务有限公司推出的"安康通"为主。截至 2013 年 9 月，"安康通"已有老年用户 19 500 多户，覆盖南京市 9 个区。2012 年以来响应紧急援助呼叫 469 例，帮助预约挂号 600 多例，落实各类家政服务、咨询服务 45 000 多例，回访问候老人近 20 万人次。

2013 年 10 月，南京市居家社区养老服务协会就"南京市居家养老服务综合中心"建设进行国内公开招标。包括建设居家养老信息呼叫中心这一信息呼叫一级平台，整合全市各类养老服务资源，为居家老人提供居家养老"服务、咨询、转介、跟踪、评估"一站式服务；开通民政 12349 服务热线；建设南京市为老服务网站，为老年人提供信息服务、业务咨询、政策宣传、网上业务办理等。

南京市现有代表性的呼叫服务中心（虚拟养老院）包括秦淮区鸿逸居家养老服务中心，玄武区奥维居家养老云服务中心等。例如秦淮区鸿逸居家养老服务中心，自 2012 年 10 月开始运营，目前服务于秦淮区 12 个街道，112 个社区；而南京奥维居家养老云服务中心，于 2012 年 10 月由奥维通信出资建设，通过部分政府补助及销售老年人手机的方式发展用户，截至 2013 年 11 月在南京玄武区已有 6 000 多用户。

3 智慧化居住环境

3.1 智慧化手段的应用

智慧化手段在老年居住环境中的应用渗透至社区、住栋、居室三个层级，涵盖老年人多个方面的居住需求。其应用主要包括健康和活动监控、环境和设备控制、安全防护与管理、文娱活动与交往等等（表 3-1）。通过对老年人居住环境进行智慧化的管理和控制，可以进一步提高老年人生活的安全性、舒适性、便捷性。

表 3-1　智慧化手段在老年居住环境中的应用

	健康和活动监控	环境和设备控制	安全防护与管理	文娱活动与交往
设备	紧急呼救器 医用传感器（血压仪、体脂秤、血糖仪） 运动探测传感器 ……	水、暖、电设备控制 家居环境控制（中央空调、中央新风、地暖、灯光、电动窗帘、电动窗户等） 家用电器控制（电视、空调、洗衣机、热水器等） ……	闭路电视监控 电子巡更系统 小区周界防范系统 燃气探测器 烟雾探测器 ……	体感游戏设备 智能化活动装置 ……
应用层级	居室层级	社区、住栋、居室层级	社区、住栋、居室层级	社区、居室层级

1）健康和活动监控

将紧急呼救器、各类传感器安装于老人住宅内，与服务平台相连接，可实现对老人的健康状况和活动的监控，所收集的数据会直接传送至服务平台。其监控途径可包括借助血压仪、体脂秤、血糖仪等医用传感器、红外探测器、压力感应地板等运动探测传感器，以及声频传感器、网络摄像头等。例如在INHOME健康状况和活动监控系统中，当传感器探测到一个异常的声音活动和一个异常的心跳测量值，警报会立刻传到医疗中心（图 3-1）。

图 3-1　INHOME 健康状况和活动监控

2）环境和设备控制

通过对环境和设备实现智能化管理和控制，可以提高老年人居住环境的安全性、适用性和物业管理水平，并且有效节约能源。包括在社区和住栋层级对供电、电梯、给排水、暖气、煤气、公共照明等设备的智能化监控，以及在居室层级对家用电器及物理环境，如电视、空调、洗衣机，以及灯光、中央新风、地暖等的智能化控制。通过智能化平台对老年人家中设备进行统一管理，实现对老年人家庭环境"集中管理""场景管理"和"远程管理"，增强他们的自理性和安全性，提升老年人的生活质量。

3）安全防护与管理

在社区、住栋、居室层级设置门禁系统、监控系统、火灾探测系统等，可以提高老年人居住环境在防盗、防火等方面的安全防范水平与管理效率，保障老年人的安全。例如若老人忘记关煤气，安装在厨房中的燃气传感器就会发出警报，自行启动清理程序并关闭阀门。

4）文娱活动与交往

将智慧化手段与老年人居住环境有机结合，可以为老年人创造富有趣味性、互动性、生态性的文娱活动及交往场所。

例如近年来兴起的体感游戏设备具有拓展和丰富老年人娱乐和运动方式的巨大潜力。体感游戏即借助运动传感器、视频识别技术等，使玩家可通过肢体动作对电子游戏进行操作。体感游戏可大大降低娱乐活动对环境设施的硬件要求，极大程度丰富老年人的活动内容，让他们从事在现实中原本"力所不能及"的运动，并有助于激发老年人的运动热情。在美国心脏协会对2 284名体感游戏玩家的调查中，58%的人表示在现实中也相应增加了户外活动。同时，借助游戏平台，老年人还可实现在线互动和虚拟社交。

3.2 实践探索

由于智慧化老年居住环境通常建设成本较高，目前较为系统全面的应用多见于较为高档的老年社区。例如韩国银发社区GYTower是智慧化居住环境各系统在社区、住栋、居室各层级综合应用的一个实例。其在居室层级设有紧急呼救、运动探测等健康和活动监控系统，例如两个卫生间的坐便器旁设有紧急呼救器，卧室、起居室、书房及卫生间的天花板中心位置均设有红外探测器。另外，其居室内还设有室内空气质量控制、灯光控制等环境和设备控制系统。社区、住栋和居室层级均设有门禁系统（卡钥匙）、监控系统（闭路电视）等安全防护与管理系统（图 3-2、表 3-2）。

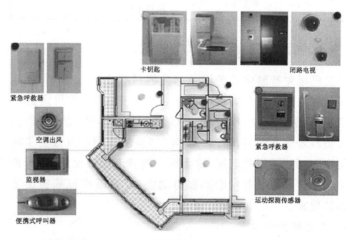

图 3-2 韩国银发社区 GY Tower 户型平面

在我国的中高档老年社区中，此类智慧化手段的应用也开始涌现。例如绿城乌镇雅园养老地产项目，在居室层级设有卡式数码锁、入户感应灯、可视对讲机、紧急呼救器和红外探测器。在社区和住栋层级,也设有出入口门禁控制、闭路电视监控等安全防护与管理系统。

而对既有社区的改造中,我国部分城市对于门磁探测器、红外探测器、燃气探测器这类安装简单、成本较低的智慧化应用的试点工作也已逐步开展。例如2013年,杭州市西湖区在老龄化严重的翠苑一区的独居老人家中率先试点老人活动监控系统。其包括一个门磁探测器和两个红外探测器,分别安装在卧室与客厅间的门扇,以及卧室与阳台的门框上方、卫生间洗手池上方,系统成本在千元左右。当这些传感器在一定时长内监测不到数据时,就会及时向社区报警。

表 3-2 智慧化手段在社区居家养老模式中的应用

应用层级	应用类别	应用系统
居室	健康和活动监控	护理/紧急呼救系统 便携式紧急呼救器 实时健康检查系统 运动探测传感器 跟踪系统
居室	环境和设备监控	遥感监测 室内空气质量控制系统 家庭网络系统 灯光控制/节能系统 电梯呼叫系统
社区、住栋、居室	安全防护和管理	门禁系统(卡钥匙) 监控系统

3.3 社区层面智慧化养老服务的融入

前文已经对智慧化养老服务的内容进行了一定阐述,智慧化手段的融入对养老服务进行了拓展和补充,其应用可涵盖上述生活照料、医疗保健、精神关爱、文体娱乐、法律援助、代购代办等各类养老服务内容。智慧化养老服务的应用不仅催生了呼叫服务中心,即"虚拟养老院"这类新型的养老服务设施,还可进一步拓展社区养老服务中心的服务功能,对其硬件设施提出了一定新的要求。

1) 养老服务中心

在各类养老服务内容中的上门服务方面,智慧化养老服务可以使老年人需求和服务供应方形成快速有效对接。当呼叫服务中心对老年人发出的求救求助信息作出处理后,社区中的养老服务中心可以作为服务供应方对老年人的服务需求进行及时反应。养老服务中心可以作为上门服务人员或志愿者在社区中的集中站点,设置相应服务辅助用房及服务人员的管理、休息用房等。另外,由于很多老年人在使用网络服务平台时操作困难,可以将点购机等智能终端设备设置于养老服务中心,使老年人在服务人员的协助下完成所需养老服务和商品的订购、缴费等操作。

将健康监测仪设置于社区养老服务中心,可以节省老年人在购买检测设备上的支出,使老年人可以在服务人员的协助下进行健康监测,同时吸引老年人到养老服务中心进行其他文娱活动等。例如位于南京鼓楼社区心贴心老年人服务中心的"南大苏富特智慧养老服务中心",设有多参数生理监测仪,老年人可定期来这里进行血压测量等健康检查(图 3-3)。由于目前养老服务平台往往还未能与医疗机构进行很好的衔接,通常还不能实现将健康监测数据直接上传至医疗机构数据库,老年人可在养老服务中心打印自己的健康数据去医院就医。

图 3-3 工作人员为老人测量血压

除此之外,养老服务中心也可设置远程服务室、网络室、视频室等,辅助老年人实现各项远程服务,包括远程医疗、远程心理咨询、远程法律咨询以及远程文娱等。在这一方面,需建设适于老年人使用的远程服务网络平台。养老服务中心还可为老年人提供有关服务平台的基本操作和使用的培训和指导,可采用集中培训或上门辅导的方式。例如北京北新桥街道养老服务中心志愿者辅导老人如何进行视频聊天(图 3-4)。

图 3-4 志愿者辅导老人视频聊天

在有条件的情况下,还可考虑在养老服务中心中设置体感游戏设备(图 3-5),丰富老年人的文体娱乐活动。例如日本任天堂公司推出的包括网球、棒球、高尔夫球、保龄球和拳击的 Wii Sports 体感游戏,在美国受到老年人的欢迎,在全美的老年中心已经安装了超过 19 000 台 Wii 游戏主机供老年人娱乐。美国的老年中心和养老院还组织了 Wii Sports 保龄球联赛。我国的市场中也涌现出"爱动体感运动机"游戏平台设备,以及与智能电视相结合的嵌入式平台。在养老中心中可考虑设置体感游戏室,或结合多功能厅等活动房间,设置体感游戏设备供老年人使用。

图 3-5 老年人在进行体感游戏

需要指出的是,智慧化养老服务的融入并不意味着不再需要传统的实体服务设施。由于养老服务中心的硬件设施是社区共享,往往服务成本低,而上门服务则需要更多的服务人员和交通成本,例如到服务中心集中就餐相比送餐的方式对老人来说更经济。另外,远程文娱、虚拟社团等不能取代传统面对面的社交、集体活动方式,尤其是在文娱活动方面,老年人仍需要实体的空间进行更高效、更有情感性的交流及各式活动。智慧化养老服务的最大作用是通过信息的有效对接和互联,使老年人可以便捷地享受各项养老服务(表 3-3),但是铺展的信息网络仍需要实体的服务站点进行支撑。

表 3-3 智慧化养老服务的内容及养老服务中心的职能

类别	服务内容	养老服务中心职能
上门服务类	上门生活照料、医疗保健、精神关爱、法律援助、代购代办服务	服务人员集中站点,设置服务辅助用房、管理、休息用房等; 设置点购机,辅助老年人对于养老服务及商品进行订购和缴费
健康监测类	健康监测服务	设置健康监测仪,提供健康监测服务
远程服务类	远程医疗、远程文娱、远程心理咨询、远程法律咨询	设置远程服务室、网络室、视频室等,提供远程服务的培训和活动场所

2) 呼叫服务中心

呼叫服务中心,也可称为虚拟养老院,是智慧化养老服务的主要基础设施。作为联系老年人与政府、服务供应机构、公益组织的中间方,呼叫服务中心的职能主要为对服务平台系统收集的老年人求救求助信息进行处理,并监控老年人健康和活动状况,促进居家养老落地服务。服务中心还应持续完善呼叫平台信息管理系统的信息库建设,采集、评估、动态管理老年人及服务组织信息,并对服务组织进行监督和管理,确保养老服务质量。此外,呼叫服务中心也可承担一定具体的养老服务内容,如设置应急服务人员值班室,提供紧急救援和救助服务;通过电话访谈、生日祝福等方式为老年人提供主动关怀服务等。为了实现老年人健康和活动监控,提升老年人生活的安全性及舒适性,服务中心还应推进居住环境的智慧化改造,使各类传感器、检测仪等智慧化设备走入社区和老人家庭。

针对虚拟养老院这类新兴的养老服务设施,南京市已经颁布了试行的评定标准,规定其应有"相对独立的办公场所,建筑面积在 600 m² 以上","设立呼叫服务中心、接待咨询中心、数据管理中心、服务指挥中心、质量监控中心等功能室";规定接受其经常性服务的老年人数应在月均 2 000 人左右。

例如南京市秦淮区鸿逸居家养老服务中心,由政府提供场地,位于秦淮区(原白下区)社区服务中心内(图 3-6)。除设有上述评定标准中所规定的呼叫服务中心、接待咨询中心等功能室外,还设有健康咨询中心、多功能厅等。其服务内容主要包括

图 3-6 秦淮区鸿逸居家养老服务中心

生活照料、康复护理、精神关爱、安防服务、法律援助、膳食服务和家政服务。

3.4 住栋智慧化改造

智慧化手段在住栋层级的应用主要体现在安全防护与管理方面，设置于住栋层级的安防系统作为进入社区后的第二道关卡，保障居民的安全。住栋单元出入口应设置门禁系统，并应配置可视对讲系统，使住户可通过安装在家中的可视对讲机判断是否允许人员进入。为便于老年人使用，门禁操作面板按键、可视对讲屏幕宜加大。门禁控制操作面板的适宜高度以中心线距地1 200 mm为宜，兼顾一般人和轮椅使用者的要求，也便于老年人在操作时看清按键。通过调研发现，一部分既有住栋没有设置门禁系统，甚至没有安装单元防盗门，对于住户（尤其是底层住户）来说，存在人身和财产安全隐患，亟须改造。

另外，应根据实际情况，在住栋单元出入口、电梯轿厢等位置设置监控摄像机，保障住栋安全性。同时，若老年人在电梯轿厢等处发生紧急状况，可以及时发现和救助。住栋层级的智慧化居住环境应用以安全防护与管理功能为主。

3.5 居室智慧化改造

智慧化手段在居室环境的应用较丰富，包括健康和活动监控、环境和设备控制、安全防护和管理以及文娱活动与交往。

3.5.1 健康和活动监控

1）紧急呼救

根据问卷调查的结果，卧室是老年人认为最需要设置紧急呼救器的场所，其次是卫生间。由于老年人的卧床时间较多，紧急呼叫器通常设置在卧室的床头，应注意其安装位置方便老人使用（图3-7）。另外，由于老年人在卫生间中发生突发状况的概率较高，卫生间中也应设置紧急呼叫器，通常设在坐便器前方手能够到的范围内，高度距地400～1 000 mm。其位置应注意避免在使用扶手或拿取手纸时造成误撞。为了让老人倒地后仍能使用紧急呼叫器，可加设拉绳，绳端下垂至距地面100 mm处。另外，也可为老人佩戴便携式的紧急呼救器。

图3-7 卧室床头的紧急呼救器

2）健康监测

通过在住宅内设置血压仪、体脂秤、血糖仪等医用传感器，可实现对老年人的健康状况进行监测，获得老人的健康数据。这些数据可自动发送至老人及子女的个人电脑、智能手机、Pad 上，或上传至服务平台，存储在服务中心或医院的老人健康管理档案中。而检测设备可以任意放置于起居室、卧室等老年人便于使用的位置，可以帮助老年人建立健康档案，实现远程医疗。

卫生间是老年人每日生活中必不可少的使用空间，将各类传感器整合于卫生间中，可规律性的记录老年人的身体健康数据。例如可通过内置传感器的智能坐便器自动检测老人尿液，获得老人尿样中的血糖含量；通过血压仪臂带测量老人血压，及嵌入卫生间地板中的电子体重秤，获得老人每日的体重数据（图3-8）。

图3-8 智能卫生间产品

另外，也可为老年人佩戴便携式的监测设备。例如便携式心电监测仪，可随时随地记录短暂的心脏异常，有益于监控并降低老年人发生中风、心肌梗死及突发性心力衰竭死亡的风险，并有效反馈治疗效果和实际药效。

3）活动监测

利用红外探测器、网络摄像机、声频传感器、运动传感器等，可以对老年人进行活动状况监测。例如可在住宅中安装红外探测器，当探测到若干小时老人没有在房间中活动，则会向服务中心报警。例如绿城乌镇雅园养老地产项目中，在住宅卫生间入口处的天花板上就安装了红外探测器，也被称为"不活动通知"，可以防止老人发生意外。

通过在房间中安装网络摄像头，也可对老人的活动状况进行监控，方便子女对老人进行远程看护。当老人进入介护阶段，住宅内只有老人和护理人员时，尤其是在老人失去自理及表达能力的情况下，在屋内安装监控系统还可以对护理人员的行为起到监督管理的作用，避免护理不周，甚至虐待老人的情况发生。监控的视频信号可发送至老人家人使用的智能设备上，如智能手机、Pad、电脑等，使他们可以随时随地了解家中老人的情况（图3-9）。来自美国的老年人监护服务商Lively利用在独立生活的老人家中布控传感器、监测物品运动状态的方式，记录老人的日常生活，并在出现异常时通过电话、邮件或短信提醒亲人。Lively一套硬件设备包括六个传感器和一个数据基站。其中传感器可布控在药盒、冰箱、钥匙、浴室门或其他与生活相关的物品上，以此来监测老人用药、饮食、出行、洗浴等方面的生活状况。数据集结器会把这些传感器的数据收集起来，并上传至云端。不在老人身边的亲人们则可通过互联网或移动应用看到这些状态，从而了解老人的生活情况。

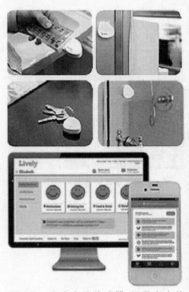

图3-9 家中布控传感器，记录老人的日常生活

图 3-10　压力感应地板

除此之外,还可采用压力感应地板(图 3-10)对老人进行活动监控,利用压敏原理检测老人的姿势、运动和碰撞。当老人发生跌倒等意外状况时,感应地板则会发出报警信号。相比网络摄像头的方式,压力感应地板具有覆盖面积大,隐私侵扰度低,并且不阻碍房间内视觉的优点。

3.5.2　环境和设备控制

在居室层级,智慧化手段在环境和设备控制上的应用体现在将家中各种与信息相关的通信设备、家用电器和安防装置,通过家庭总线技术连接到一个智能家庭控制器上,以实现对室内环境和设备的场景控制、远程控制、定时控制和联动控制。其中环境控制的内容包括对灯光、中央空调、中央新风、地暖、电视、音响、电动窗帘、电动窗户等设备进行开关和调整操作,实现对室内光环境、视环境、声环境、空气环境和热环境的智能化控制;其他设备控制的内容还包括洗衣机、电饭煲、冰箱、热水器等家用生活电器。其控制方式包括借助安装在家中的各类探测器进行感应控制、联动控制,以及用户操控的手动控制等。

对环境和设备的集中管理、场景管理功能虽然能提高使用的安全性和便捷性,但还需考虑到老年人的接受程度。而远程控制功能对于以在宅生活为主的老年人来说作用则相对较小。相比手动操作,对室内环境进行感应控制的方式更适合老年人使用。例如在玄关、卫生间等处设置感应灯,可通过热能感应原理自动亮起以提供补充光源,人离开后可自动延时关闭。当探测到室内灰尘含量和 CO_2 浓度过高,系统则联合空气净化装置、电动窗户等设备改善室内空气质量。在控制系统及智能终端的设计上,应尽量简化手动操控的内容,使老年人能够理解和操作智能化的控制面板。当然,以更加长远的眼光来看,当 50 后、60 后以及更年轻的人群迈入老年时,熟练地操作、有效地利用家居智能化控制系统对于他们来说则不再是问题。

3.5.3　安全防护与管理

1)防盗管理

智能数码锁——既有住宅的入户门一般采用钥匙开启的普通锁具。视老人的接受情况等因素,可以为老人更换使用更加安全便捷的智能数码锁。其开启方式包括密码、感应卡、指纹、遥控器、应急钥匙等等。其中卡式数码锁免去了老人对钥匙孔时的不便,相对于密码式数码锁也更易操作,目前也是智能化老年住宅普遍使用的锁具。值得注意的是,数码锁需及时更换电池,对于有些老人来说可能会存在操作上的困难。

可视对讲机——与住栋单元出入口的可视对讲系统相配合，住宅玄关内（或其他老人便于使用的位置，如卧室床头等）应设置可视对讲机，帮助老人判断是否开启单元门。考虑老人有可能乘坐轮椅，对讲机的安装高度建议距地 1 300 mm 左右，并应采用可进行调节俯仰角度的对讲屏幕。由于老年人对声音的感受性和敏感性会下降，应加强对讲机的铃声及听筒内的音量，还可结合震动和闪光，引起老人的注意。另外，对讲机要便于使用轮椅的老人接近并拿取听筒。

门窗磁探测器——可向被关联节点报告门窗状态，例如当有人非法打开或撬开门，门窗磁探测器将发出报警信号。对于安全管理较差的社区，尤其是居住在低层的住户，安装门窗磁探测器更具迫切性。

2）防灾管理

老年人会出现记忆力衰退、健忘的情况。因此，对于老年人，尤其是独立生活的老年人来说，在家中安装防灾报警装置十分必要。在适老性改造时，应尽可能在厨房中安装烟雾探测器和燃气探测器，在厨房和卫生间中安装水浸传感器等，对火灾、煤气中毒、溢水漏水的意外状况进行监控。并且，结合设备智能化控制，还可实现在发生报警时联动关闭气阀、水阀等，为家庭构建坚实的安全屏障。

3.5.4 文娱活动与交往

在居室层级，智慧化手段可以使老人足不出户就能进行各种娱乐和体育活动，为老年人提供更多活动选择。例如上文中提到的压力感应地板也可以成为老年人进行虚拟娱乐活动的互动界面。德国科学家开发的 GravitySpace（重力空间）感应式地板可以跟踪用户的运动和身体姿势，并与之产生高精度互动。老人可以通过它进行下棋、踢球、跳舞等娱乐活动，整个房间都可以成为老人的娱乐活动空间。另外，在房间中设置体感游戏设备，通过游戏平台或智能电视中的嵌入式平台，老年人在家中就可通过肢体动作进行网球、保龄球等各式文娱活动，并与线上的好友进行互动和交往。

此外，智慧化手段可以对老人在家中进行的各种活动，例如种植花草、饲养宠物等进行智能化管理，并发展相关社交系统，使老人可以在线与相同爱好的朋友互动。例如"智慧城市2013"国际设计展上展出的"约莱"是一个帮助家庭和办公环境种植的浇灌产品与微型社交系统，作品将传感器与浇灌模块内置于花盆中，用无线网络与主人随时互联，还可以帮助种植者照顾植物、远程为亲戚好友的花卉和蔬菜浇水、查看植物健康状态与实时教程、在线与植友互动。

4 结语

随着我国的老龄化问题日益凸显,对既有社区进行智慧化适老性改造,使其满足老年人各方面需求的任务迫在眉睫。通过智慧化手段,构建完善的社区养老服务体系,拓展社区养老服务功能,对老年人家中的环境和设备进行智能化控制,并通过防盗、防灾管理,提升老年人在宅安全性,并丰富老年人的文娱活动内容。既有社区智慧化适老性改造项目的真正实施与完成,除了需要相关理论及改造导则的支撑和指导,还需要政府、公益组织、专业机构以及相关企业单位的共同运作,以及社区居民的参与、配合与支持。既有社区的智慧化适老性改造工作任重而道远。

参考文献

[1] 王江萍. 老年人居住外环境规划与设计[M]. 北京:中国电力出版社,2009.

[2] 周燕珉,程晓青,林菊英,等. 老年住宅[M]. 北京:中国建筑工业出版社,2011.

[3] 民政部基层政权和社区建设司. 中国社区建设年鉴[M]. 北京:中国社会出版社,2003.

[4] 李睿煊,李香会,张盼. 从空间到场所:住区户外环境的社会维度[M]. 大连:大连理工大学出版社,2009.

[5] IBM. 智慧的中国,智慧的城市(智慧城市白皮书)[Z]. 2009.8

[6] Andy Marsh, Christos Biniaris, Ross Velentzas, et al. A Multi-Modal Health and Activity Monitoring Framework for Elderly People at Home: Handbook of Digital Homecare[M]. Berlin Heidelberg: Springer-Verlag, 2009.

南京大规模保障房住区养老现状调研及设计对策研究

张思敏　鲍莉　张玫英

近年来,我国对民生问题的不断重视,加大力度解决城市低收入群体的住房保障问题,在贯彻"以人为本"理念的基础上,将保障性住房的建设作为民生工程的重中之重。在"十二五"规划以及我国保障房相关政策的推动下,我国各个城市的保障性住房建设都在如火如荼的进行当中。例如,南京市在2010年启动了大规模的保障性住房建设工程,其中在丁家庄、花岗、岱山、上坊的四个保障性住房项目的总建筑面积达1 000万 m^2。此外,随着我国经济的加速发展以及计划生育政策的实行、4-2-1家庭模式的涌现、人们的生活压力以及工作压力都不断地增加,家庭养老的模式正遭受到前所未有的冲击,因此社区居家养老模式便逐渐成为未来的趋势。在如此背景下,保障房住区老年居民的社区居家养老相关问题也将日益凸显,应给予足够的重视。

1 南京大规模保障房住区社区居家养老现状调研

1.1 调研的目的、方法及调研对象的选取

通过对南京大规模保障性住房及其社区居家养老现状进行实地调研以及分析,从老年人的需求出发,对其中较为突出的现状问题进行分析总结。

据统计,南京市目前建筑面积在100万 m^2 左右或以上的大规模保障房项目共有8个,分别为南京四大保障房片区(岱山、花岗、上坊、丁家庄)、麒麟科技园、春江新城、银龙花园、摄山星城[1]。本文选取了南京四大保障房片区(岱山、花岗、上坊、丁家庄)、银龙花园片区、景明佳园片区以及百水芊城片区作为调研分析的对象(表1-1、图1-1)。

图 1-1　所选案例区位分布图

这 7 个保障性住房社区在规模、规划设计及配套服务设施（包括养老服务设施）等方面都有一定的差异。其中南京四大保障房片区属于近期新建的保障房住区（2010 年开工兴建），规模相对较大，四个片区建筑面积均超过 100 万 m²，其中岱山片区为南京市最大的保障房住区（建筑面积达 442 万 m²）。而银龙花园片区、景明佳园片区以及百水芊城片区属于兴建较早的社区，规模相对较小，其中景明佳园是南京最早的大型经济适用房社区。这三个保障房住区由于建成年代较早，社区各方面都相对较成熟，同时在社区居家养老服务体系及其配套设施方面都各有特色，因此也选取为调研对象。

表 1-1　所选保障房住区基本概况

社区名称	区域	占地面积（hm²）	建筑面积（m²）	年代（兴建）	居民总数（规划）	老年人所占入住人口比例
岱山片区（岱善润福城及西善花苑）	雨花台区	260	442 万	2010	12 万～15 万人（9 100 户入住，约 3.5 万人）	（暂不能获得数据）
上坊片区（大里聚福城）	江宁区	125	200 万	2011	4.5 万人（1.4 万户）、（约 3 400 人入住）	8.8%（限华庭南苑与北苑）
丁家庄片区（迈皋瑞福城）	栖霞区	78	172 万	2010	6 万人（1.9 万户）、（4 000 户入住）	10%
花岗片区（西花岗：花港幸福城）	栖霞区	60	118 万	2011	4 万人（10 000 人入住）	10%
银龙花园（一到三期）	白下区	76.4	71.3 万（一到六期：共约 111 万）	2003	2.6 万人	16%
百水芊城片区	栖霞区	59.1	57.8 万	2004	1.6 万人	12.5%
景明佳园	雨花台区	54	52 万	2002	2.5 万人	6.4%

1.2 南京大规模保障房住区社区居家养老调研概况

1.2.1 社区居家养老服务及医疗相关设施状况

上述保障性住房案例的社区居家养老服务设施及医疗设施设置方式主要有以下四种:

1) 设置于社区服务中心所提供的场所中

社区内的居家养老服务中心与社区服务中心结合设置。一方面可以将两者的服务资源结合利用,另一方面也可为临时进驻的居家养老服务中心较快地提供办公服务场所。如岱山保障房片区"美特康西善花苑居家养老服务中心"(图1-2)、景明佳园社区"爱之光居家养老服务中心"(图1-3)以及上坊保障房片区的"三槐·大里老年公寓居家养老服务中心"(图1-4)。

图1-2 岱山片区的美特康西善花苑居家养老服务中心内景

这类服务中心往往属于临时入驻,缺乏初期的规划设计,大多会产生使用场地不足或改造不到位等问题,如景明佳园的居家养老服务中心就缺乏适老化的改造设计:该服务中心设置在二层,但其内却缺乏电梯,出入口处也没有设置无障碍坡道,给前往此处接受服务和进行活动的老年人带来诸多不便。

图1-3 景明佳园的爱之光居家养老服务中心入口及室内

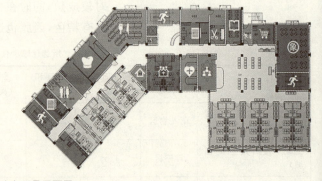

图1-4 上坊片区的三槐·大里老年公寓居家养老服务中心入口及平面图

2) 设置于居民住宅底层(居住单元改造而成)

通过对住宅楼底层进行一定的改造,为社区养老服务设施提供办公服务以及老年活动的场地。如百水芊城片区内"百水家园社区居家养老服务中心"(图1-5),通过将住宅楼底层的三个单元进行合并和改造而形成的(图1-6)。这种方式一方面能更深入居住区腹地,从而更好更方便地为社区老年人提供服务及活动场所;另一方面能更亲近居民,从而能更多地了解居民以及老年人真实的需求,不仅能让居民感到更多的亲切感,同时也

图1-5 百水家园社区居家养老服务中心入口

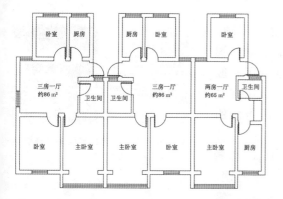
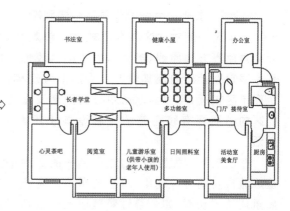

图 1-6　百水家园社区居家养老服务中心平面改造图

图 1-7　迈皋瑞福城的社区卫生服务站

图 1-8　花港幸福城的养老中心

图 1-9　景明佳园的爱心托老所

能更有针对性地提供切合该社区老年人需求特点的服务。但由于设置在居民楼内，对居住在其附近的居民生活可能会造成一定的影响。

3）设置于社区外围商业裙房中

将养老服务设施设置在社区外围、住宅楼下的商业裙房内。如花港幸福城的社区服务中心（内设临时居家养老服务点）；迈皋瑞福城的社区卫生服务站以及临时居家养老服务点（图 1-7）。在上述的案例中，这类设置往往是临时暂驻的办公服务点，例如由于新建社区的服务办公设施处于建设当中等的原因。

这类服务设施由于处于商业裙房底层，有着较好的可达性，但由于条件、设备、规模等限制，此类养老服务设施往往处于不太完善的状态。

4）与社区医疗设施相结合设置

社区内的养老服务设施与社区的医疗服务设施结合设置，如在同一栋建筑内分层设置或在同一组建筑群内分栋设置。如花港幸福城的养老中心（设置于社区卫生服务站 4、5 层）（图 1-8）；景明佳园的爱心托老所（设置于社区卫生服务站背面）（图 1-9）；银龙花园二期的老年康复托养区（设置在社区卫生服务中心 3、4 层）（图 1-10）；而银龙花园二期内的老年公寓和雅和门诊则分设与两栋相邻的建筑之中。

这种设置有利于养老设施以及医疗设施的相互利用，不光能及时地给居住其中的老年人提供较全面的医疗服务，也能给社区内其他的老年人看病提供方便，从而能更好地为老年人提供医养结合的服务。

1.2.2 其他公共配套设施及住宅状况

老年人一般对住宅具有比较高的依赖性,由于身体机能、社会角色等方面原因,出远门的频率比较低,日常的活动范围基本限定在社区内及其附近。再加上大规模保障房社区一般距离市区较远,难以共享市中心的配套设置资源,这就决定了社区内必须要有较完善的配套设施才能满足住区内居民的生活。

图 1-10 银龙花园二期的老年康复托养区及楼层示意图

在住宅类型配置方面,过于单一的保障房类型配置,容易造成城市空间分异现象,对社区居民产生孤立感等负面心理,如景明佳园初期(如今经过管理以及改进情况逐渐改善)。银龙花园以及百水芊城片区虽然房屋类型也同样较单一,多为拆迁安置经济适用房,但由于安置的居民都为原居住地的拆迁农民,居民相互之间熟识,邻里关系融洽。而新建的大规模保障房住区为了让住区内居民多样化,尽量避免城市空间分异等问题,皆在住区内配置多种房屋类型,甚至在同一个社区内设置不同种类的住房类型,如岱山保障房片区的某个社区内就设置了拆迁安置经济适用房、廉租房、公租房、普通商品房等(表 1-2)。

表 1-2 保障房住区的公共配套设施及住宅状况总结(以岱山新城为例)

社区名称	公共配套设施				住宅状况		
	教育	商业	医疗	其他	住房类型	层高	无障碍设计
岱山新城	幼儿园、小学、中学	独立商业、沿街商业、农贸市场	卫生所、医疗卫生中心	托老所、派出所、社区中心、公交场站、垃圾中转站、消防站、市民广场、地下车库	安置房、廉租房、公租房、商品房	西善花苑:11、18层,岱善润福城:27~34层	有无障碍坡道、电梯

2 南京大规模保障房住区社区居家养老的现状问题

2.1 老年人住房及无障碍设置问题

1) 住房的类型配置、面积及户内无障碍方面

南京大规模保障房住区内配置有多种住房类型,主要包括拆迁安置房、经济适用房、廉租房、公租房、中低价商品房以及部分的普通商品房等(表 2-1)。这种方式不但可以满足不同人的需求,而且亦能吸引不同经济水平不同阶层的人群,从而尽可能地避免城市空间分异现象的出现。但是这些住房类

型基本为普通住宅,并没有对部分住宅进行专门的适老化设计,也没有在保障房住区内设置老年人的专用住宅。同时根据表2-1所示,现有的住宅户型内,尤其是面积较小的廉租房及公租房大多难以满足无障碍设置的要求;经济适用房、安置房等较大的户型虽然在满足无障碍要求方面情况较好,但在厨卫等较小空间以及室内一些细节上的无障碍设计方面都仍有不少欠缺。这对于保障房住区内所占比例较多的老年人居住群体来说,往往会使得他们在日常生活上容易遇到各类使用问题。

表2-1 南京大规模保障房住区住户面积及户内无障碍设施分析

	社区名称	类型	户型面积	问题
南京四大保障房片区	岱山片区(岱善润福城)	主要有安置房、廉租房、公租房、普通商品房等	主要以40~60 m²为主;公租房、廉租房面积主要在40~60 m²之间;经济适用房主要以60 m²左右为主	由分析可得:面积在60 m²左右及以下的户型,在无障碍方面相对比较欠缺(如室内轮椅回转空间方面难以满足);面积相对较大的户型,情况相对较好,但仍有部分无法满足无障碍的要求,例如厨卫等较小空间,入户空间(岱山、丁家庄户型的内凹入户空间会对坐轮椅者入户时带来很大不便)等
	丁家庄片区(迈皋瑞福城)			
	花岗片区(花港幸福城)			
	上坊片区(大里聚福城)			
南京早期大规模保障房片区	银龙花园	主要为经济适用房,有部分廉租房、中低价商品房	主要以45~105 m²为主	
	百水芊城片区(百水家园)			
	景明佳园			

2) 户外无障碍设置方面

近年来,人们对老年人及残疾人等弱势群体利益的不断重视,无障碍环境的构建也成为社会文明进步的重要标志。因此为了给无障碍环境建设提供更好的保障及标准,住房和城乡建设部于2009年底召开了《无障碍设计规范》编制工作启动会议,并于2012年开始实施[2]。

因此,在2010年后开始兴建的南京四大保障房片区(岱山、上坊、丁家庄、花岗),在户外环境以及住宅公共部分等的无障碍设计都比较到位。但对于兴建年代较早的保障房住区,如银龙花园、百水芊城、景明佳园等,在户外环境、公共设施以及住宅等的无障碍设置方面就相对欠缺,如缺乏住宅出入口的无障碍坡道、电梯等,对社区内老年人的出行、住宅内的使用等方面都带来了较大的不便(表2-2)。

表 2-2　南京大规模保障房住区户外无障碍空间问题分析

社区	各社区无障碍设置现状（从左至右：道路、户外活动区域、公共设施、住宅）	问题
南京四大保障房片区	·社区人行道　·社区中心花园　·广场老年活动中心出入口　·住宅楼出入口及架空层	户外活动区域、道路：基本满足无障碍设计。公共设施、住宅的出入口、竖向交通（电梯）等基本都满足无障碍设计
南京早期保障房片区 — 银龙花园片区（一到三期）	·社区内人行道　·社区内户外小广场　·老年保健室出入口　·住宅楼出入口 ·缺乏盲道设置　·缺乏无障碍设置　·无坡道、无电梯　·无坡道、无电梯	道路：有做一定的无障碍设计，但缺乏导盲道的设置等。 户外活动区域：缺乏相应的无障碍设置，如户外小广场的高处缺乏无障碍处理。 公共设施：部分公共设施出入口、竖向交通等缺乏无障碍设计（如部分社区中心、活动场所的出入口等），甚至有部分老年人设施都缺乏无障碍的设置（如景明佳园、银龙花园的居家养老服务中心缺乏出入口的无障碍坡道以及电梯的设置）。 住宅：出入口、竖向交通（电梯）等的无障碍设置相对缺乏（景明佳园出入口无障碍设置相对较好，但电梯只有在高层住宅中设置，多层住宅则不设）
南京早期保障房片区 — 百水芊城片区	·社区内人行道　·社区内户外小广场　·社区中心出入口　·住宅楼出入口 ·缺乏盲道设置　·缺乏无障碍坡道设置　·缺乏无障碍设置　·缺乏无障碍设置	
南京早期保障房片区 — 景明佳园片区	·社区内人行道　·社区中心广场　·居家养老服务中心出入口　·住宅楼出入口 ·缺乏盲道设置　·缺乏无障碍设置　·无坡道、无电梯　·有坡道，但多层住宅无电梯	

2.2　老年人文化娱乐活动空间问题

2.2.1　集中式的活动空间

大规模保障房住区内集中式的老年人活动场所包括室内的活动场所（老年文化活动中心、老年文化活动室等）以及户外的集中式活动场所（如中心花园、广场等）。

1）集中式的室内活动空间

如表 2-3 所示，南京大规模保障房住区内文化活动场所（包括一般场所及老年人专用场所）应根据社区等级以及服务半径等因素进行分级配置。在居住社区级（3 万~5 万人，服务半径

500~600 m)设置大型且集中的文化活动中心并配以一定面积的老年活动中心,而在基层社区级(5 000~10 000人,服务半径200~300 m)设置小型和分散的文化活动室,以便于社区内老年人到达。

表2-3 老年人室内活动空间分级配置标准

社区等级	居住社区级公共设施(3万~5万人,服务半径500~600 m)	基层社区级公共设施(5 000~10 000人,服务半径200~300 m)
项目	文化活动中心	文化活动室
每处一般规模(m^2)	4 000~5 000 m^2(其中,社区老年活动中心建筑面积≥300 m^2),宜结合开敞空间或居住区公园设置≥300 m^2的室外文化活动场地	400~600 m^2(必备功能不低于100 m^2,宜设置≥150 m^2的室外活动场地)

资料来源:根据《南京市公共设施配套规划标准》绘制

根据表2-3所示,南京大规模保障房住区在老年人活动室的规模及数量上都有着各自的问题与不足。例如,丁家庄、花岗保障房片区由于建设尚未完成等原因,暂时未设置与老年人相关的室内活动场所;而岱山、上坊片区以及景明佳园虽有一定规模的室内老年活动场所,但相对较集中,其服务范围难以覆盖整个保障房片区,且缺乏基层社区级的小型活动场所,不便于居住在距离活动中心较远的社区内的老年人到达。百水芊城及银龙花园在室内活动场所配置方面相对较完善,但由于活动场所布点设置方面的欠缺,其服务范围仍不能将住区完全覆盖。

2) 集中式的户外活动空间

新建的大规模保障房社区与早期的大规模保障房社区在户外活动空间的设计及布置方面都有着各自鲜明的特点以及优缺点(表2-4)。

2.2.2 分散式的活动空间

大规模保障房住区的分散式活动空间主要是指分散在社区各处小型的居民聚集活动的空间,包括住宅的出入口、山墙处、楼栋之间、小区道路旁以及住宅架空层、楼道、屋顶等的这类宅旁空间。

根据社区现状及访谈结果显示,这些分散式的小型活动空间尤其是宅旁空间往往都是居民,尤其是老年人日常喜爱及长时间停留的空间,但在设计上往往会遭到忽视(表2-5)。

表2-4　南京大规模保障房住区老年人室内活动场所及集中式户外活动空间分析

社区名称		目前老年人活动场所分布	老年人室内活动场所	户外活动空间图解分析	户外活动空间问题分析
南京四大保障房片区	岱山片区（岱善润福城：西善花苑）		岱善润福城：目前暂无专门的老年活动场所，只有零散的营业性棋牌室等。西善花苑：老年活动中心（主要为棋牌娱乐区）（包含在1 200 m²居家服务中心内）		户外活动空间的共同特点：主要以一个大型集中的花园广场为中心，平行地向四周的小广场空间扩散。优势：户外活动广场干净整洁，景观上也进行统筹设计，因而有着良好的视觉效果。主要问题：户外广场设置单一，一目了然，缺乏私密性和空间变化性，同时空间尺度过大，缺乏亲切感、邻里感以及生活氛围。户外空间的功能类型也相对单一，大多只配置了简单的户外休息空间（座椅、凉亭等）、健身小广场等。各户外空间没有设置一定的围合，因而缺乏私密性、趣味性以及安全性
	丁家庄片区（迈皋瑞福城：燕歌园）		暂无设置专门的室内老年活动场所		
	花岗片区（花港幸福城：芙蓉园）		暂无设置专门的室内老年活动场所		
	江宁上坊片区（大里聚福城：华庭北园）		文体活动大厅、阅览室、棋牌室等。（包含于1 700 m²三槐·大里老年公寓居家养老服务中心）		
南京早期大规模保障房片区	银龙花园（二期）		百水芊城社区：老年人活动的空间（500 m²），位于社区服务中心内，设多功能娱乐室、图书室、健身室、棋牌室等。云水坊：老年活动室（一个办公房间大小），主要作棋牌室。百水家园：老年活动中心（150 m²），内有棋牌室、乒乓球室等；居家养老服务中心内设置了部分老年人活动场所，如书法室、亲子室、棋牌室等		户外活动空间的共同特点：大小各异的户外广场分散设置于社区各处，各广场之间有一定的联系，其中以一个相对较大型的集中式广场作为中心花园。优势：由于社区内大多为多层住宅，户外环境空间尺度比较有亲切感。大小各异、相互分散又相互联系的户外空间也具有一定的私密性及趣味性，更能吸引人们到此逗留

续表

社区名称		目前老年人活动场所分布	老年人室内活动场所	户外活动空间图解分析	户外活动空间问题分析
南京早期大规模保障房片区	百水芊城片区（百水芊城社区）	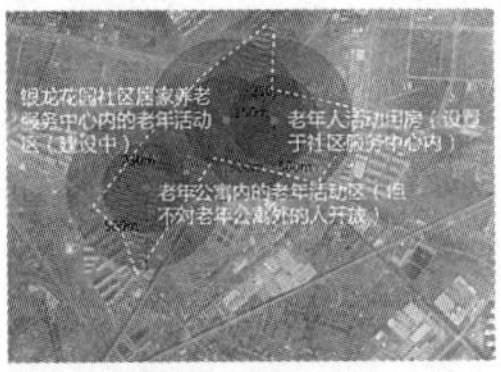	一期：建设中 二期：暂无专门的室内老年活动空间 三期：老年人活动用房（共约 120 m²），作为图书室等（设置于社区服务中心内）		主要问题：户外环境的景观和卫生质量有一定欠缺，因而在视觉效果上不尽如人意；户外空间的功能类型也相对单一；同时在户外环境的无障碍设置方面也相对欠缺
	景明佳园	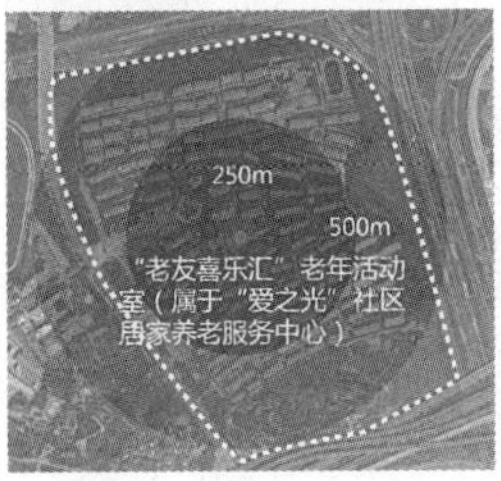	"老友喜乐汇"老年文娱活动室，内有乒乓球、棋牌室、讲堂等（包含在 200 m² 居家养老服务中心场地内）	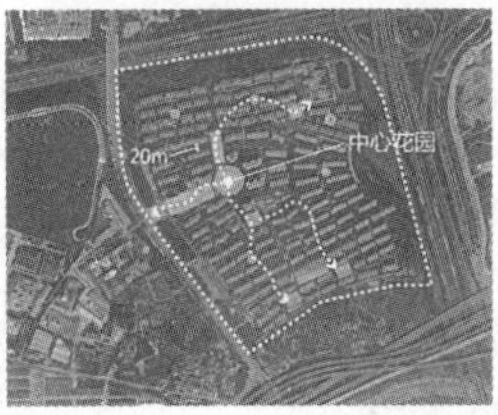	

表 2-5 分散式活动空间分类分析

类别	空间所处位置	分散式活动空间现状	问题
户外空间	住宅入口旁	   	现状：在这类空间中居民尤其是老年人常常在此聚集；常常可见居民自发搭建的桌椅等构筑物。 问题：此类空间缺乏设计，无法满足居民需要；居民的自发搭建对社区景观视觉效果造成不好的影响；楼栋之间活动空间的布点缺乏对阳光的考虑（尤其是高层住宅间的阴影面较大）
	住宅山墙处	   	
	住宅拐角处	   	
	住宅楼栋之间	   	
	小区道路旁	   	

续表

类别	空间所处位置	分散式活动空间现状	问题
住宅空间	架空层		架空层：由于缺乏阳光和设计，基本无人问津；楼道：部分居民尤其是老年人，喜欢在此停留休息以及摆放物品，却没有放大的空间。屋顶：阳光充足、空间较大，居民在此晾晒床具，但由于设备管线较多，对老年人存在安全隐患
	楼道		
	屋顶平台		

2.3 老年人服务及医疗设施级配问题

1) 社区居家养老服务设施分级配置问题

根据表 2-6 所示，目前南京大规模保障房的社区居家养老设施设置缺乏，布点较少，其服务范围大多无法覆盖整个保障房住区。据调查，这些社区居家养老服务设施大多于 2014 年或 2015 年才开始入驻或运营，无论是运营上还是服务上都不太完善。

2) 医疗保健设施分级配置问题

根据表 2-6 所示，基本每个保障房片区的医疗保健设施都进行了分级配置，但在配置的数量及布点上有所欠缺，尤其是基层社区级设施的布点缺乏，服务范围不能完全覆盖整个保障房片区。

表 2-6 社区居家养老相关服务设施及医疗保健设施现状及分布

社区	养老相关服务设施概况	医疗保健设施概况	设施布点及服务范围
岱山新城	美特康西善花苑居家养老服务中心（2014 年 4 月）：使用面积 1 200 m²（位于西善花苑社区服务中心内）	岱善社区卫生服务站：312 m² 永盛社区卫生服务站：740 m²（未投入使用） 平治社区卫生服务站：518 m²（未投入使用） 岱山社区卫生服务中心：地上建筑面积 4 800 m²（未投入使用）	

续表

社区	养老相关服务设施概况	医疗保健设施概况	设施布点及服务范围
江宁上坊	三槐·大里老年公寓居家养老服务中心(2015年1月):运营,共1 700 m²,兼具老年公寓及居家养老服务中心的功能,其内配置有托养中心(套间13间、床位32个,其中6个三人间、7个双人间)、护士站、康复室、监控室、老年超市、食堂、厨房、文体活动大厅、阅览室、棋牌室、理发室、洗衣间、会议室、办公室等功能房间	华庭南园社区卫生服务站:约350 m²,位于大里社区公共服务中心一层。南京江宁区东山街道上坊社区卫生服务中心:13 000 m²(估算)(未运营)	
迈皋瑞福城	暂无	迈皋桥街道景和园社区卫生服务站:目前服务站的业务用房面积为458 m²。栖霞区迈皋桥社区卫生服务中心:4 800 m²(估算)(未运营)	
花港幸福城(西花岗片区)	养老中心(建设中):初步测算面积共约1 600 m²(床位80个),位于栖霞区花岗第一社区卫生服务站的4~5层	栖霞区花岗第一社区卫生服务站:1~3层是社区卫生中心(估算约2 500 m²);4、5层是养老中心(估算约1 600 m²)(尚未交付使用,因此无法提供具体面积)	
百水芊城片区	百水家园居家养老服务中心(2014年10月):240 m²(位于住宅楼底层,由三个居住单元相互打通形成,社区内办公用房800 m²)云水坊社区居家养老服务站(一个办公室大小,估计20~30 m²)	马群街道百水芊城社区卫生服务站(位于片区中心,目前处于关闭状态)马群社区卫生服务中心:约3 897 m²(位于片区百米开外)	
银龙花园(一到三期)	银龙花园社区居家养老服务中心(建设中):约400 m²(位于银龙花园一期,内设老年保健室、活动室、图书室等,日托床位计划设6~10张)南京雅禾老年公寓:4 000 m²	银龙花园一期:银龙花园社区卫生服务站:约200 m²(单层)银龙花园二期:银龙社区卫生服务中心:估算约1 800 m²(内有老年康复托养区)以及雅和门诊(位于社区中心广场)银龙花园三期:银龙东苑社区卫生服务站:266 m²	

续表

社区	养老相关服务设施概况	医疗保健设施概况	设施布点及服务范围
景明佳园	景明佳园社区"爱之光"居家养老服务中心(2014年6月):场地面积200 m²,属于AAA级老年服务中心(位于景明佳园社区服务中心内)。景明佳园爱心托老所:建筑面积150 m²,床位13张,位于景明佳园卫生服务站背面(南侧)	景明佳园卫生服务站:200 m²	

3 大规模保障房住区社区居家养老相关的设计对策

3.1 老年人住房配置及无障碍设计对策

老年人的基本物质生活和安全是最首要和最基本要求,尤其是低收入的老年人这部分的需求在其日常生活需求中占较大的比例。以下主要从住宅、无障碍两个方面来提出相关的建议。

1) 配置一定比例的老年人居所

住区内老年住宅配置类型主要有"专住型"和"混住型"两种。为避免老年人产生孤立感等负面情绪,在老年住宅配置时一般选择混居的形式,即将养老户型按一定比例与其他普通户型设置在同一栋住宅楼内或选取在一个小区内其中一到两栋住宅楼作为专供老年人居住的住宅,同时尽量将养老户型设置在向阳的南面。例如香港祖尧邨、祈德尊新邨的长者居所以及日本高龄者优良租赁住宅"Bonaju 横滨"。

2) 设置具有可变性的适应性住房

如果在保障房住区内设置老年住宅方面有一定的困难而难以实施,如对入住的老年人比例无法估算或经济状况的原因等,就可以通过建设适应性的住宅来为日后入住的老年人及其家庭提供便利。这种具有可变性的适应性住宅可以根据居住者的需求对户型进行拆分或合并,通过打通隔墙等方式进行功能空间的调换或改变其大小。同时可以通过设计初期的预留考虑,为日后的老少合居、适老化等的改造带来便利。因此,为了让住宅具有可变性和可持续性,住宅的初期设计就要在结构、厨卫管井布局、预留设计等方面考虑,如尽量采用可变性较高的框架结构;厨卫尽量设置在一起并布置在住宅空间边角位置从而减少对日后住宅改造的限制;尽量采用轻质隔墙或预留门洞;对日后适老化改造进行相关的预留设计等。对于保障房住区的居民,由于经济状况的原因,许多通用性的设计无法一步到位,再加上随着他们年龄的增长、经济状况的变化、家庭结构的变化,他们对住房的需求也会随之变化,因此这类住宅对他们的需求变化有着较强的适应性以及可持续性。

3) 对既有社区的无障碍化设计

对老年人生活、出行安全来说,除了人车分流设计、道路的防滑材质设置等方面,社区内的无障碍设计是相对重要的部分。无论是公共空间、室内住宅空间,还是竖向交通空间等都需要设置相应的无障碍设施。如道路旁的人行道、公共空间、户外广场、住宅出入口空间的无障碍坡道设置;住宅竖向交通空间电梯、楼梯的无障碍设计(如电梯厅为坐轮椅人士设计的放大空间、楼梯的踏步及扶手设计等);照明、标识、入户处的放大空间等等。通过上述的设计为老年人创造一个无障碍的社区环境。

对于无障碍设置相对欠缺的既有社区,可以通过对社区的公共空间、住宅等进行无障碍化的改造以及对现有住宅适老性改造来为老年人创造适合养老的居住环境。

在老年人住房配置和改造方面,可以通过选取保障性社区中某一栋或几栋租赁型的住宅进行无障碍化的改造(如加建电梯、无障碍坡道等措施),将其改造成专供老年人居住的住宅并配套以相应的老年服务设施,或者根据"通用设计"对老年人现有住房进行改造。对于社区公共环境、道路都要进行无障碍化的改造,有高差的地方都应设置一定的无障碍坡道方便老年人通行。

3.2 老年人文化及娱乐活动空间设计对策

老年人除了物质基础的需求,同样有着精神方面的需求,通过社区内的社交活动、文化活动等等,与居民相熟,产生融洽的邻里关系,从而能在社区中感受到"家"的归属感。而良好的室内室外活动场所和空间,就是促发这些行为与活动的"发生器"。

3.2.1 集中式的活动空间设计方面

1) 室内活动空间分级设置

社区内的文化活动中心应配套一定面积的老年人活动区,设置多种不同种类的功能空间,并根据社区内老年人具体的喜好特点增设相应活动功能区。

鉴于老年人 260~500 m 步行距离的限制,除了要注重设置居住社区级的大型的文化活动中心(包括老年活动中心)外,每个小区内都宜设置一定面积的文化活动室、老年人活动室,以便于老年人短距离到达。

2) 户外活动空间的丰富性及多变性设置

对于低收入的老年人来说,由于经济上、身体上各方面的原因,社会压力和心理压力较大,需要在邻里之间相互的交流、活动、互助中寻求精神的慰藉,而良好的户外公共环境能促进邻里关系的和睦以及营造出人们心灵的港湾。户外活动空间的营造应注重其多样化、个性化、人性化以及亲切的外部空间尺度的设计(图3-1)。在对公共空间、私密空间、边界空间营造的同时,设置多样的活动功能空间以及具有复合性的活动场所给予人们丰富的选择(如活动广场、凉亭、林荫小径、休息聊天桌椅、社区苗圃、老年健身场所等)(图3-2)[3]。此外,社区内户外环境也应注重休息座椅的设置,可每隔一段距离就设置一些休息座椅以便行走疲惫的老年人休息,为老年人营造一个社区内的户外休息系统。

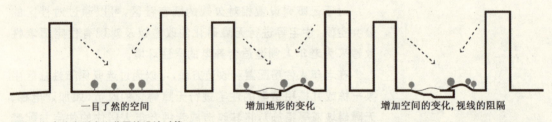

一目了然的空间　　增加地形的变化　　增加空间的变化,视线的阻隔

图 3-1　户外大型中心花园的设计对策

图 3-2　左至右:苗圃、带烧烤台的凉亭、蛇形健身步道
(图片来源:日本株式会社新建筑社.日本集合住宅20例[M].大连:大连理工大学出版社,2011:34.)

3.2.2　分散式的活动空间设计改造方面

分散式活动空间一般规模较小并且灵活多变,通过相对较低的成本设计便可营造亲切宜人、富有趣味的空间。

1) 分散式小型空间设置

社区内分散式的活动空间大多离居民住宅较近,属于宅旁

图 3-3 百水芊城社区内住宅入口旁的简单的座椅(上)以及一颗樱花树便形成一个独特的宅旁休息空间(下)

空间。而宅旁空间是户外活动空间设计所容易忽略的地方,但往往却是老年人逗留时间最久、最需要的空间。宅旁空间是以住宅为中心,围绕其周围的空间,如住宅出入口前及附近的空间、住宅楼之间和转角处的空地,山墙之间的空间等。对于大多老年人来说,身体机能相对较弱,尤其是腿脚不便的老年人,日常活动范围基本局限于上下楼以及住宅附近。他们往往会在阳光较好的时候,下到住宅楼下坐着晒太阳、聊天或打牌,然后便会回到自己的居所里,他们甚至很少会愿意去到离住宅稍远一些的社区小广场去活动。因此在户外环境设计的时候注重对宅旁空间的设计,通过设置桌椅、花架、凉亭、种植植物、适当的围合以及设置灵活多变的小型构筑物等方式,在其中营造多种类型宜人的交往、休闲空间(图 3-3,图 3-4)。对于既有的保障房社区,亦可通过对这些宅旁空间的改造加建,为老年人和居民的日常交流和互动创造更多宜人的场所和空间。

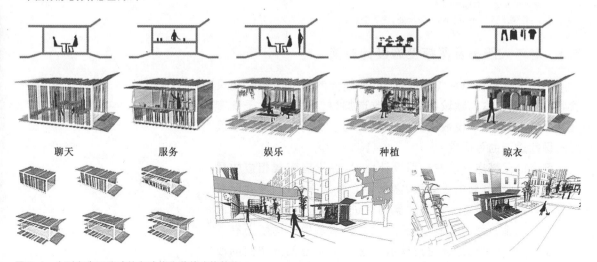

图 3-4 小型多变可移动的多功能集装箱式构筑物

2) 既有社区宅旁空间改造设计

增加室内外活动空间的配置,注重活动空间种类和尺度的多样性,同时加强活动场所之间的联系,方便老年人到达各处。此外,对在户外环境设计上常常被忽略的宅旁空间,给予相应的改造设计,特别是在住宅出入口、宅间空地等人们时常逗留或日常出行必经之地营造多样的交往空间、休闲活动空间,可为人们提供更多社交的机会(图 3-5)。

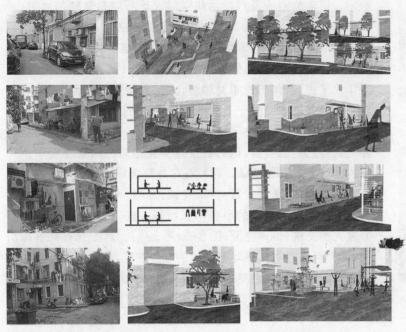

图 3-5 宅旁空间改造策略效果图
(从上到下:住宅出入口旁、拐角处、山墙处、曲折处)

3.3 老年人服务及医疗设施设计对策

对于大规模保障性住房而言,小规模分散式的服务设施设置,有利于低成本的建设及后期的改造加建。尤其是对于既有社区而言,这种小规模嵌入式的对策有利于提高在社区内增设服务医疗设施的可能性。

既有的保障房社区在规划设计之时,并没有配置相应的居家养老服务,但其后由于政策、需求等方面的原因,则需要配置居家养老相关的设施。对于这类临时进驻的服务设施,由于时间、经济、场地方面的限制,在配套独立的服务中心场所上有一定的困难,因此往往是通过对现有社区服务中心部分空间的改造、对居民楼底层户型的合并或改建、对商业裙房的改造利用等方式设置居家养老服务中心(但必须注意对这些现有场地进行无障碍标准的评估以及进行相应的适老化改造,以满足作为老年设施的基本需求)。

保障房社区的现有建筑场地普遍非常有限,往往难以满足后期进驻的养老服务及医疗机构对使用面积的需求。因此这类对占地面积较小、成本相对较低的小型分散式或嵌入式的养老服务设施(图 3-6),为既有保障房社区增设服务设施带来更多的可能性。此外,对于大规模保障房住区而言,这种分散式网点式的布局,更有利于服务设施的服务范围对整个社区较全面的覆盖。

对于医疗设施布点相对缺乏的社区,可通过增设一定的小型卫生医疗站来为老年人日常体检护理提供方便。

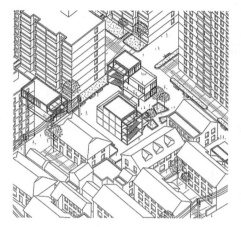 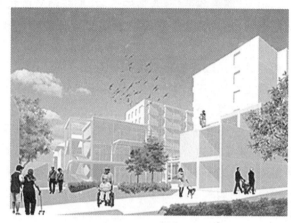

图 3-6　小型多功能分散式的养老服务设施(黄菲柳、戴赟)

4　大规模保障房住区社区居家养老的低成本可持续应对策略

4.1　大规模保障房住区规划、建筑和景观设计低成本可持续对策

低成本的设计并不等于廉价的设计,它往往需要细致的规划设计过程、巧妙的工艺组织协调、有效的成本管理等,而设计建设的最初阶段(项目规划设计)是最重要的最有可能节省成本的阶段。在规划之时要通过合理的选址、对周边资源的评估和共享、对自然气候的考虑和利用从而做出因地制宜的设计,在项目建设施工之时通过对材料、结构体系、细部构件巧妙地选择、对预制构件合理地利用从而产生最经济的成本效益。

要让住区最终成为低成本的设计,从住区的规划设计、施工、运营等的全生命周期内都能产生良好的成本效益,低成本的绿色建筑是很好的选择。通过因地制宜地采用简单易行、经济适用的绿色技术,如良好的朝向、自然通风采光设计、雨水回收技术、节水节能节材设计等,在没有过多增加建设初期成本的基础上,降低了建筑全生命周期的成本支出。同样,在住区户外环境景观设计和建设方面,低成本的景观设计并不代表低品质,而是通过遵循自然的规律维持生态平衡、巧妙利用资源以降低建造成本、经过相关的设计减少维护成本并用以人为本的设计满足人们多种需求。那些"高品质"的景观设计以及华丽名贵的植物与铺装并不一定能给予人们所需的感受和满足人们真正的需求。相反，简单的装饰、合适的选材、配搭适宜的植物、多样化的功能空间、创造性的景观设计等这些具有独特韵味的户外环境能满足老年人和居民多样化的需求以及各种良好的心理感受，从而得到居民较高的接受度和满意度。

综上所述，在具体的设计及实施方面，笔者主要提出以下几个方面的对策：

（1）小规模网络化的布局策略：对于大规模保障房住区而言，除了集中式的公共服务设施外，部分公共服务设施小型化并分散布局不光有利于服务半径的覆盖，同时也有利于建造成本的控制。例如某些小型构件建筑具有灵活性、可变性，成本也相对低廉。

（2）绿色可持续的建筑设计理念：利用自然的特性、选择合适的材料（例如当地的材料），贯彻节水、节能、节材等绿色理念，关注建筑全生命周期的能耗及成本。

（3）模块化的设计以及预制化的建造方式："模块化"有利于设计的灵活多变以及预制化的建造，而预制化的建造方式（如预制构件、预制单元等）则有利于施工装配的简化、工期的缩短以及成本的控制等。

4.2 全生命周期可持续的低成本通用设计策略

通用设计（Universal Design，简称 UD）的概念是在 20 世纪 80 年代由美国 R.L.梅思教授（Ronald L. Mace）提出："通用设计是这样的设计，它设计的产品和环境不带有特定性和专用性，可以被尽可能多的人最好是所有的人使用，而不需要额外的适应或特殊的设计[4]"。而通用住宅则是指符合通用设计的住宅，其目的是尽量少用或几乎不用额外的花费，提供适合每一个人居住生活的住宅与环境，并享受各种产品、公共设施资源、公共环境等的便利[5]。通用住宅的特点与原则包括尽量满足不同人的需求（不同年龄、生活习惯、能力等）、足够的空间尺度（以满足无障碍设置的需求）、周详的细部功能设计（以达到实用、安全的设计）以及普遍可负担性（以便大多数人都可负担得起，而不是有钱人的专享）。

对于老年人而言，居所是他们居家养老最重要以及最基本

图 4-1　上图：板桥府中青年社会住宅采用通用设计；下图台北市南港区"基隆河三期国宅"银发族示范屋
（图片来源：自由时报，http://news.ltn.com.tw/news/local/paper/847653）

的物质基础，但专门为他们设计的住宅，往往并非是他们理想的居所。这种特殊的照顾也许并不能让他们感受到尊重，这类似于区别待遇般的行为反而让他们与其他人之间出现了隔阂，从而产生一种不公平且被孤立的感受。

而对于保障房住区而言，在住区内设置专门的供老年人居住的住宅，在经济性和可持续性方面往往并非最佳的选择。特别是对于流动性较高的租赁房而言，社区内老年人人数有时难以估算并且这个数量也是处于变化当中，因此设置供老年人居住的租赁住宅有时要么供不应求，要么处于空置状态，住宅的价值得不到充分的利用，其利用率和经济性等方面也将大打折扣。

综上所述，要为老年人提供良好的住宅和理想的居住环境，并非要替老年人设计所谓的"老年专用住宅"，而应该设计每个人每个生命阶段都能够居住和使用的符合通用设计理念的"通用住宅"。再加上，保障性住房社区人群类型混杂，人口流动性也相对较高，这种"通用住宅"也将更具有经济性和可持续性，从而更好地提升住宅自身的价值（图4-1）。

5 结语[①]

我国的老龄化程度日益严峻,但相关养老基础设施及服务体系仍处于不完善的阶段。同时,我国处于大规模保障房大量兴建时期,其中的各类问题尤其是这类保障房住区内低收入老年人养老问题也日益突出。这类新兴的保障房住区,无论在公共设施配套以及服务运营还是其他各个方面都处于起步阶段,各类突出的问题都还未受到足够的重视。因此,本文对大规模保障房住区社区居家养老问题进行一定的研究分析,并提出一定的见解及对策,对这方面问题的完善及解决提供些许建议。希望随着服务设施及法律法规的不断完善,通过设计者们的前瞻和优异的设计理念,为城市中低收入老年人这类弱势群体营造更有保障性、安全性、便利性的亲切温暖的"理想家园"。

参考文献

[1] 李蓓.大规模集中式保障房住区居民行为空间研究[D].南京:东南大学,2013.

[2] 赵林.《无障碍设计规范》被住房和城乡建设部批准为国家标准[J].特种结构,2012(05):43.

[3] 日本株式会社新建筑社.日本集合住宅20例[M].大连:大连理工大学出版社,2011.

[4] 原文:"Universal design is the design of products and environments to be usable by all people, to the greatest extent possible, without the need for adaptation or specialized design."引用自(USA) Wolfgang Preiser, Korydon H. Smith. Universal Design Handbook[M]. 2rd. New York: Mc Grow-Hill, 2010.

[5] 杨小东,赵冠谦.通用住区与通用环境[J].建设科技,2004(13):48-49.

---

① 本文获国家社科基金重点项目"大规模保障性住房社区居家养老体系构建与实施路径研究"(14AJY013)资助。

种植社区——居民参与社区更新及社区居家养老策略探索

韩雨晨　鲍莉　张玫英　郭莳　屠苏南
Laura Luike

1　居家养老问题背景

中国是目前世界老年人口最多的国家,占全球老年人口总量的五分之一。2013年我国60岁及以上人口比例已达到14.9%,为2.02亿。人口老龄化问题涉及社会生活的各行各业,影响范围之深之广使其成为中国政府亟待解决的社会问题。数量大,增长快,未富先老是中国老龄化最显著的三个特点。针对我国特殊国情,政府提出"9073"养老模式,即90%社区居家养老,7%社区日托养老,3%机构养老。社区居家养老作为我国目前以及未来最主要的养老方式受到了社会极大的关注,而现有的社区居家养老还存在众多问题,需要在不同层面进行改善和革新。(图1-1～图1-4)

2012年南京市民政局发布《关于南京市养老服务体系建设工作情况报告》中提到南京的人口老龄化比例在继上海、北京、天津之后位居全国第四,比全国进入老龄化社会的时间早了近10年。据2015年8月25日江苏省民政厅发布的《2014年江苏

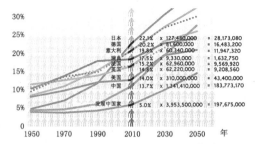

图1-1　世界部分国家人口老龄化比例与数量对比

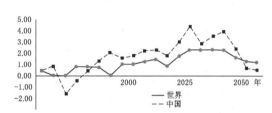

图1-2　中国老龄化速率与世界老龄化速率对比

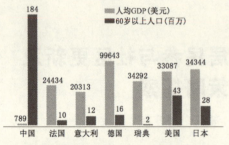

图 1-3 世界部分国家 GDP 与老龄化比例对比

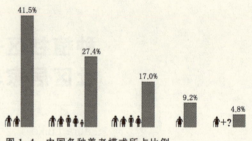

图 1-4 中国各种养老模式所占比例

省老年人口信息和老龄事业发展状况报告》,截止到 2014 年底,南京市 60 岁及以上户籍老人有 129.49 万人,人口老龄化率高达 19.96%。作为六朝古都,南京的城市文化底蕴深厚,此外这里还集中了众多的高校、部队及科研单位等,大学生比例较大,数据上还会稀释常住人口老龄化比例,因此南京的实际老龄化程度更高。所以,除了老龄化基数大、增速快以外,老年人口素质也比较高,老年人对心理与精神关爱的要求普遍高于其他城市。(图 1-5,图 1-6)

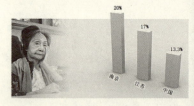

图 1-5 南京老龄化人口比例

图 1-6 南京老年人口普遍高素质

2 现有社区居家养老现状调研

2.1 南京市香铺营社区居家养老问题调研方法

香铺营社区位于南京市玄武区的中心地段,大部分建筑建于 20 世纪 80 年代,是南京市比较有代表性的居住区。(图 2-1~图 2-3)在这个社区的养老问题调研中,我们采用了叠图、影像追踪和问卷等三种方法。

2.1.1 叠图调研

叠图法调研旨在通过图解地图的方式客观、全面、不分主次地记录整个社区及其周围环境的现状,为后续有针对性的调研打好基础。首先我们将社区复杂的现状分为空间、道路、轨迹、设施、配套服务、社区资源、使用者、事件等不同方面,分别将每一方面问题绘制在一张透明坐标纸(或一个透明图层)上,记录其图解的空间分布。将绘制完成后的所有图层叠加,即会得到整个社区存在问题的一张全面的图解地图(图 2-4~图 2-10)。通过这张图我们可以直观的了解社区的所有现状信息,为后续调研与设计提供依据。叠图法是将复杂问题拆分成众多

1. 南京主城区
2. 南京老城区
3. 香铺营社区

图 2-1　香铺营城市区位

1. 香铺营社区
2. 新街口城市中心区

图 2-2　香铺营与城市中心区

1. 香铺营社区
2. 城市自然资源
3. 城市历史文化资源

图 2-3　南京市城市自然与历史资源分布

图 2-4　社区基本建设信息

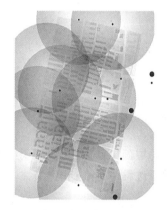

图 2-5　交通站点分布

图 2-6　户外公共活动空间分布

图 2-7　社区服务结构

图 2-8　社区服务设施分布

图 2-9　老年人活动分布

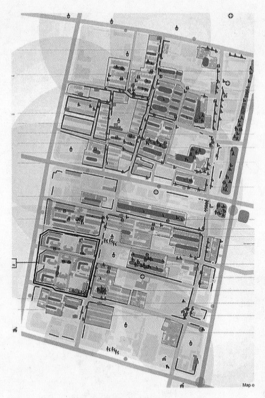

图 2-10　香铺营调研叠图示意

单一问题后叠加,既便于清晰地研究不同层面的问题,更利于叠合研究整个复杂问题,它是我们整个调研过程中最初始、最基本的过程。

2.1.2　影像追踪调研

影像追踪记录法通过动态地记录调研对象在时间和空间维度的运动信息,为分析和归纳调研对象活动规律提供了依据,它分为跟踪影像和定点影像两种。

跟踪影像是用摄像机从调研对象人群(这里指老年人)离开家门的时刻开始对其进行跟踪拍摄,记录下被跟踪对象要去哪里、选择了什么样的路径、在哪里停留、遇见了什么人、干了什么事等,同时在坐标纸上画出被跟踪对象的运动轨迹,以此来分析记录老年人的行为特征。

定点影像是指将摄像机固定在特定社区公共空间的某些有类型学代表性的点,在一天之中的不同时刻,记录下同一地点在不同时刻的生活场景,并以此来分析社区公共空间的使用规律。

2.1.3 问卷调查

问卷调查法是我们对所研究区域使用对象进行现场提问并进行记录和分析的调研方法。该调研方法包括问卷设计、现场调查、调查结果统计分析等步骤。问卷调查法可以真实地了解研究区域使用者的心理感受和需求,所得结果具有直观的参考价值。

3 社区居家养老问题分析

3.1 社区居家养老现状存在的问题

在对香铺营社区进行综合调研后,可以总结出这个社区居家养老现实存在的一些问题:

(1) 老年人安全不能保障。周边道路和社区内道路人车混行、社区夜间灯光设计不足、缺乏无障碍设计,为老年人出行带来极大的安全隐患。

(2) 缺少社区周边城市公共活动空间。老年人活动多集中在街道和社区的角落,环境恶劣,而适合老年人活动的城市公园数量则远远不足。

(3) 缺少社区内部公共活动空间。机动车停车、杂物堆积以及外来商业入侵占用了社区大量公共空间,加之绿化景观、公共设施在数量和质量上的匮乏,造成了社区公共活动种类和数量的严重缺失。

(4) 缺少高质量日托老年人服务中心。

(5) 老年人在精神上缺乏关爱。孤独感与死亡给老年人带来极大的心理压力。

3.2 社区老人行为特点

通过研究我们发现香铺营社区内的老年人活动存在以下特点:

(1) 老年人依赖社区户外公共活动。老年人是社区户外公共设施的主要使用者,同时,他们也是嘈杂的社区户外公共设施与环境首当其冲的承受者。

(2) 老年人偏爱社区集体活动。尽管由于社区场地和器材的限制,现有的社区老年人活动种类和数量都极其匮乏,仅有一些对场地和器材要求不高的活动,如街头棋牌,在社区内有极广泛的居民参与度。

（3）老年人喜欢与同年龄段老人交流。

（4）老年人主要的户外活动种类包括：聊天、棋牌、体育锻炼、晒太阳、遛狗、遛孩子、购物、种植、阅读、接送孩子等。其中体育锻炼与购物时大部分老年人每日必须发生的活动。

（5）老年人喜欢与同性别的老人交流。

（6）老年人的户外活动时间多在早上与傍晚。即为早餐后午餐前，晚餐后，天黑前。可以考虑老人与社区其他居民错峰使用社区公共空间与公共设施。

（7）老年人偏爱安静的户外环境。老社区需要避免内部车辆交通对老年人活动场所的侵占与干扰。

（8）老年人喜欢亲近绿色自然环境。植物对老人的吸引力是很大的，有很多老人热衷于自己动手种植花草蔬菜。这是一种老年人对于生命张力的向往。

图 3-1　居民自发种植

3.3　社区现有的自发性种植行为

在调研中随处可见的各式各样的"种菜盆"很引人注目，很多老人都会在社区花池或废弃的脸盆中种植韭菜、丝瓜等蔬菜，此时，脸盆变成了绿色的容器，这些微型农场，取代了原有的由设计师创造、管理员维护的社区绿化，成为了由使用者创造和维护的社区景观。尽管现在"社区种菜"还被定义为破坏社区景观的非法行为，但是它广泛的存在反映了老年人的普遍心理需求以及参与社区景观空间创造的积极性。如何加之系统性的引导与规范，使之形成规模化、规范化、体系化的种植社区，则成为了社区养老更新改造的一个出发点。（图 3-1～图 3-5）

图 3-2　社区老人种植的丝瓜

图 3-3　种菜盆　　图 3-4　种菜桶

3.4　现有自发性种植行为存在的问题

在居民社区"种菜"与社区管理员不断爆发的冲突背后，揭示出目前种植社区实现过程中所遇到的诸多问题：

（1）居民自发性种植行为在一定程度上会破坏社区景观，使社区景观变得杂乱无章。

（2）私有"农场"占用社区公共绿地。

（3）居民自发性种植行为缺乏系统化、规范化的引导、设计和管理。

（4）现有社区严重缺乏供居民自发种植的场地。

（5）公共绿地与"私有农场"的关系与两者的合理比重有待研究。

图 3-5　清理"非法种菜"

4 种植社区——解决社区居家养老问题的尝试

4.1 种植社区的设想

由社区自发性种植行为的启发，我们不禁设想，如果我们可以为老年人创造一种规范化、系统化且有引导性的种植社区，一个现实版的城市"开心农场"，使老年人可以亲身参与到社区的建设和社区景观空间的设计、创造和维护中来，老年人将不再单单是社区糟糕景观设计的受害者，而是能够最大程度地参与社区景观空间的互动。这种将某种行动引入原有社区而激活社区养老功能的操作方法，也为城市居家养老问题提供了一种新的思路与可能性。

种植社区在欧美国家中已有一定发展，相比于一般传统社区，种植社区有其特有的诸多优势：

图 4-1 居民参与社区建设

图 4-2 种植作为一种新的活动引入社区

（1）种植社区创造了居民参与社区建设的模式（图 4-1），实现了空间、事件与使用者之间的良性互动。当我们将"种植"这种行为引入社区，社区空间与景观将会随着这种新行为的介入而不断变换，而这公共景观空间的可变性又将作用于他的主要使用者——老年人，对其生活方式与行为模式产生影响，同时促进了社区居民的交流与社区的团结。因此我们使行为、空间、使用者产生互动，实现了居民参与建设的民主社区。

（2）种植社区在没有剧烈改变原有生活空间的前提下，为社区老年人带来了一种新的活动（图 4-2）。老年人的怀旧决定他们不希望自己熟悉的生活空间被彻底颠覆和改变，同时他们也需要一些新鲜的社区元素来丰富他们的生活。种植，正是可以将他们从原来无休止的聊天和打麻将中解救出来的一种健康的活动。

图 4-3 降低社区景观维护成本

（3）种植促进社区内居民间的交流，有助于社区和谐（图 4-3）。种植为社区提供了一种新的交流方式，老年人可以交换各自种植的经验与进展，他们还会互相帮助灌溉、修剪、施肥等，而集体种植行为更为和谐社区的建设提供了良好的平台。

图 4-4 增强社区凝聚力

（4）种植可以创造更绿色更怡人的社区环境（图 4-4）。缺少绿化空间是中国 90 年代以前建设的社区的典型通病，这种老社区中只在社区住栋间有少量绿化。种植社区充分利用原有社区剩余空间，在地面、立面、屋顶上发掘立体种植空间的最大潜能。

（5）居民种植行为在一定程度上减少了社区景观维护与管理的成本（图4-5）。将居民的种植产品作为社区景观，实际上使居民参与到社区景观的设计创造与日常维护中，与原有社区景观依赖景观师的设计、管理员的管理与园林师的维护相比，大大节省了社区运营经费，真正意义上实现了节约型绿色社区。

（6）种植可以成为老年人的一种怀旧行为（图4-6）。老年人都有怀旧倾向，作为一个传统农业国，千百年来中国人民与土地都有难解的情缘，尤其是这一代中国老年人，他们早年大多来自农村，都曾直接或间接地参与各种种植活动，种植社区为他们提供一个怀念旧时生活岁月的机会与场景。

（7）通过种植而创造生命，使老年人理解生命真谛，实现心理治愈（图4-7）。老年人都极其畏惧死亡，通过亲手创造生命，呵护生命，参与生命轮回会使他们慢慢理解死亡只是生命的一个过程，他们将在心理上不再畏惧死亡，不再伤感衰老。

图4-5　更多绿色空间　　图4-6　中国式土地怀旧　　图4-7　拥抱生命，心理治愈

（8）种植社区在某种程度上是对中国食品安全问题的戏谑回应（图4-8）。自己种自己吃，可以减少杀虫剂与食品添加剂对健康的伤害。

（9）种植社区提供了废物循环利用的可能性（图4-9）。任何堆积在社区公共空间中的杂物都可以用来作为种植的容器。既节约了社区空间，又节省了种植成本。

（10）种植社区创造了社区景观的可变性（图4-10）。不同种类的蔬菜瓜果可以营造不同形态的景观，而随着种植过程的轮回，播种、发芽、开花、结果也会在一年四季之中产生不同的景观效应。

图 4-8 回应中国食品安全问题

图 4-9 废物循环利用

图 4-10 可变化的景观

4.2 以香铺营社区种植化改造为例

南京香铺营社区(图 4-11)作为我们种植社区改造的实验基地,于 1986—1988 年设计建造,是 20 世纪 80 年代中期中国最早一批应对膨胀的城市住房需求而建造的现代社区[13]。香铺营社区共有 1 226 户家庭,其中有老年人的家庭占 23%。

图 4-11 香铺营社区

4.2.1 社区层级的种植更新策略

香铺营社区公共空间只有少量支离破碎的低品质孤岛。作为社区公共设施和室外活动空间的主要使用者,老年人在这种品质和数量都很糟糕的社区公共活动空间中难以满足交流活动等生活需要(图 4-12)。

首先,根据香铺营社区公共空间系统现状,我们梳理并重塑了香铺营社区公共生活结构,建立了公共空间、公共流线与种植农场严密整合的三维立体结构(图 4-13)。

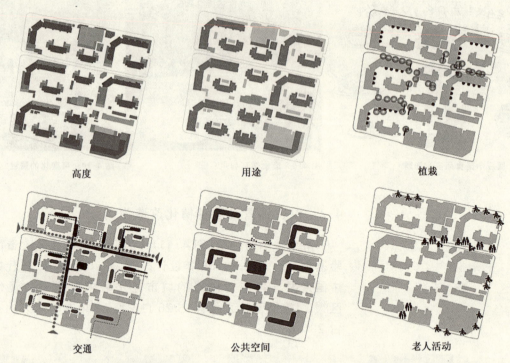

图 4-12 香铺营社区公共系统现状

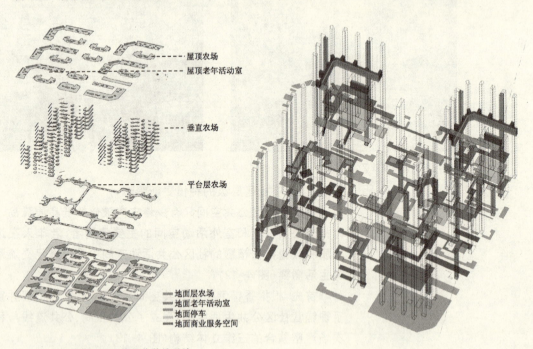

图 4-13 香铺营社区立体公共种植系统

种植是香铺营社区公共结构中的一部分，也呈现出立体化的特征（图4-14）。位于一层半的高度处增加的公共种植活动平台，在增加种植空间、拓展室外活动空间的同时也为老年人提供一个免于机动车干扰的安全活动平台，更为地面层创造出了更多停车空间，实现了机动车与老年人活动的水平分层。在2~6层的标高段加设的私人种植阳台、半公共种植走廊、公共屋顶农场等大大小小私密性不同的各种种植空间，并用垂直公共交通串联，发掘出社区种植空间的更大潜能，满足了不同身体状况的老年人不同程度不同方式的种植需求。青壮老年人更多在顶层和平台层进行公共种植活动，而行动不便的老人可以足不出户，在他们居住的高度同样享受种植的乐趣。

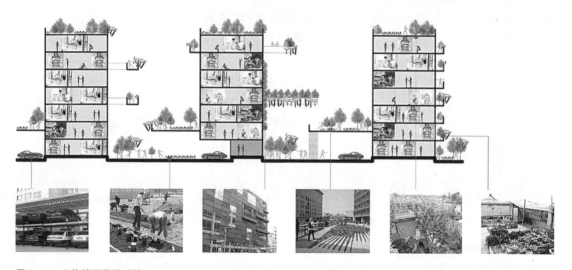

图4-14 立体社区种植系统

4.2.2 建筑层级的种植更新策略

1) 居住置换策略——种植可达性策略

根据调研，香铺营社区大约20%的家庭有超过60岁的老人，随着老人年龄的增长和身体机能的下降，现有的垂直交通——楼梯，就成了他们离开家门参与到社区公共种植生活中来的一大障碍。在这种情况下，安装电梯就成了方便老年人出行的一种解决方案，但是考虑到成本问题，为住栋的每一个单元都安装电梯是不现实的。如果通过住户之间的置换，将有需要电梯服务的老年人家庭集中在一个垂直单元中，这样，只安装一部电梯就可以解决一个住栋全部老年人便利出行的问题，不失为一种相对经济的解决方案（图4-15）。

图 4-15 为实现种植社区可达性的居住置换策略

2）功能置换策略——支持种植复合公共服务体系

在一层半高度添加的种植活动平台会为原来一层的居住空间带来很多诸如通风、采光的遮挡等不利条件，因此，将原有一层的居住功能置换为停车、餐厅、老年人活动室、日托中心、医务室等服务功能，这些功能在一层形成住栋的公共客厅，配合室外公共种植活动空间，为社区老年人提供全面的居家养老服务（图 4-16）。

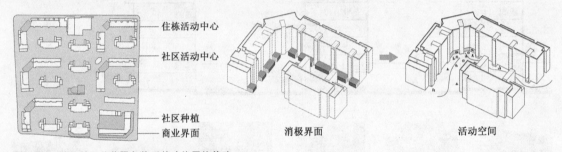

图 4-16 种植社区公共服务体系的功能置换策略

3）屋顶种植改造

对于居住在顶层的老人，到达地面层与平台层是一件很不容易也不安全的事情，但是整个社区中阳光资源最充足的屋顶反而对他们来说是触手可及的；另外，由于南京温热多雨，平屋顶往往存在排水问题，所以当地在进行大规模现有建筑平改坡项目。基于以上两点原因，屋顶的改造利用成为了必然。在香铺营实验种植社区中，通过屋顶种植化改造来解决屋顶排水问题并大大拓展老年人的户外种植活动空间。利用屋顶上的起坡，在低凹处增设种植池、攀援架，在较高处设置活动区、老年活动温室等服务设施，使屋顶成为集种植、棋牌、健身、遛鸟等众多老年人活动的活跃平台。每个屋顶平台都有一部电梯与下部各层公共空间相连（图 4-17）。

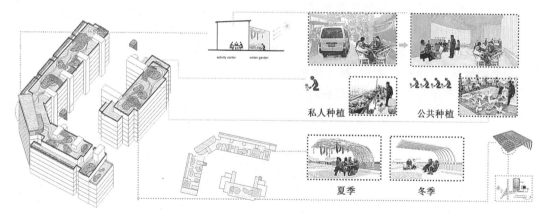

图 4-17 屋顶种植改造

4）立面种植改造

住在一、二层的老年人由于居住楼层较低，很方便到达地面层与平台层进行种植等户外公共活动；住在顶层的老年人，屋顶平台同样触手可及。但对于住在中间楼层的老年人来说，似乎向上向下都不是很方便，为此，通过在 3~6 层增设一些仅供几户家庭共享的半公共种植平台（图 4-18），同时，通过阳台的种植化改造，为每家每户打造独享的私人农场。这些私人、半公共农场作为地面层与屋顶层公共农场的补充，增加了种植面积、实现了立体农场的设想，使身体不便的老人足不出户便可享受种植的乐趣。

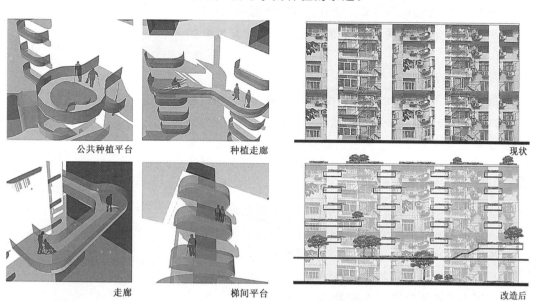

图 4-18 立面种植改造

4.2.3 细部层级的社区种植更新策略

1）阳台种植性改造

在居民阳台上添加可供植物攀援的遮阳支架,盛夏丝瓜等攀援植物满棚覆盖,可作遮阳之用;寒冬植物凋零,为室内带来更多阳光。另外,在阳台的栏板处添加种植槽,方便轮椅上的老年人进行种植活动(图 4-19)。

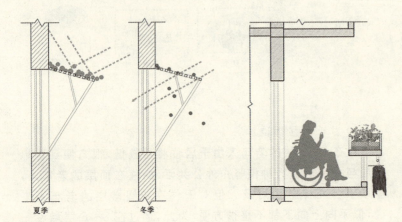

图 4-19 阳台种植改造

2）种植种类分布导则

依据社区中不同高度不同地点的光照情况,我们为社区居民提供了一个种植蔬菜瓜果种类的建议分布导则,居民可以根据自己农场的位置,在图中查找最适合在此时此地播种的植物,实现自然资源最大化利用,同时也保障社区景观呈现最繁荣的状态(图 4-20)。

3）废物利用种植容器

在各层公共平台的护栏上设置种植支架,各种诸如油桶、易拉罐、水盆等废品改造成的移动种植池都可以悬挂或搁置在此,这种微观立体式种植既节约了平台活动空间,又鼓励了居民废物再利用,充分响应节约型社区的号召(图 4-21)。

4）移动农场

很多现有的社区老年人的户外活动诸如遛狗和遛孩子已经超出老年人身体与心理承受范围,在种植社区中,我们为老年人开发了一种安全的户外活动——溜菜。我们为老年人提供了各种可以在户外坡道体系内自如推行的种植推车,这样在恶劣天气时老人可以方便地将植物移入室内,并在夜间防止偷菜事件的发生。此外,移动农场还为社区提供了一个全新的主题与交流方式,溜菜的老年人通过交换种植信息,问候种植成果,增进社区的凝聚力与和谐氛围(图4-22)。

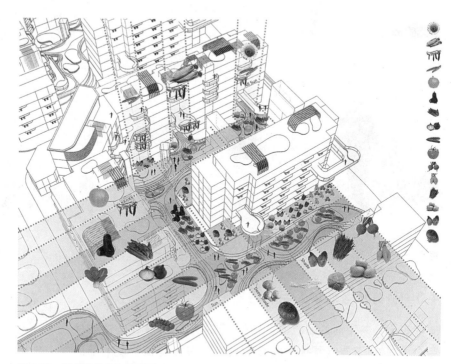

图4-20 种植种类分布导则图

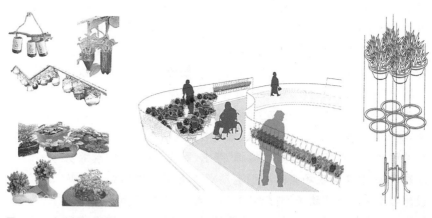

图4-21 废物循环种植池

图 4-22 移动农场

4.3 种植社区老年人生活场景

由于公共空间的品质低下、对老年人活动需求缺乏适应性与可变性，原有香铺营社区的老年人活动在种类和数量上都严重匮乏。尽管种植（图 4-23）是社区居家养老改造的主题，但是考虑到并不是所有老年人都有兴趣或良好的身体状况直接参与到种植的劳作中来，我们将其他活动复合在种植活动周边，并为其设置相应的设施，保证社区老年人公共活动的多样性。例如，集体农场旁的小健身场使菜农在种菜之余强身健体；全程无障碍的平台坡道系统，为遛狗、遛孩子、遛菜的老人提供安全的户外活动平台；屋顶的藤架不仅供丝瓜等攀援植物攀爬，还可以为在屋顶打牌的老人遮阳，藤架还可为遛鸟的菜农提供支架；位于公共农场旁边大片集中开放空间在周末为社区菜农市场提供场地，居民在此可以交换种植成果，增进社区凝聚力；屋顶上的温室活动室为菜农们提供休息、棋牌、茶水、影视、阅读等配套服务功能；在社区集体农场旁的小型运动场为老年人提供各种锻炼设施与集体歌舞活动场地；悬浮的空中半私密农场为不方便出行的老人提供种植、晒太阳、阅读等活动的场所，使他们足不出户也能享受到社区户外公共活动空间。

通过将种植这一全新活动引入原有社区，我们重塑并大大丰富了社区公共生活场景，实现了空间、活动和使用者的自反应式良性互动,而老年人,作为社区公共空间的主要使用者与社区公共活动的主要参与者,在这项种植社区的改造尝试中是最大的受益者。

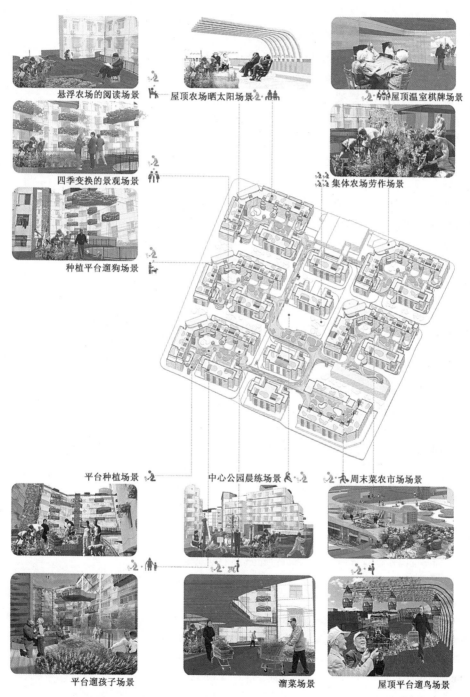

图 4-23 老年人种植社区生活场景

5 结语

社区种植更新改造实现了居民参与式社区互动建设,为中国社区居家养老在不颠覆老年人原有生活空间的前提下提供了一种温和的改造方案。由于使用者种植行为的介入,社区景观与公共空间会随着作物种类在地域维度上的差异与生长周期在时间维度上的变化而呈现不断变化的形态。而公共空间与社区景观形态的变化会诱发使用者创造出社区公共空间新的使用方式,产生新的个人或集体使用行为及社区活动,使社区呈现出不断变化的生活场景。由此,种植社区实现了空间、使用者、使用行为的自助式互动。

在全球老龄化问题日益严重之际,种植社区作为一个由建筑师提出的解决策略,至少是针对中国特殊老龄化问题所做出的实验性尝试与努力。

参考文献

[1] www.census.gov

[2] 穆光宗,张团,北京大学人口研究所.我国人口老龄化的发展趋势及其战略应对[J].华中师范大学学报(人文社会科学版),2011,50(5):29-36.

[3] 郑菲,南京市统计局.《南京城市人口老龄化现状及发展趋势》中图分类号]C924.24(53)[文章编号]1004-1516(2001)03-0037-02

[4] Thomas J Schlerenth. "Burnham's Plan and Moody's Manual: City Planning as Progressive Reform"[J]. Journal of the American Planning Association, 1983, 47(1): 70-82.

[5] Scott Greer. Urban Renewal and American Cities: The Dilemma of Democratic Intervention[M]. New York: Bobbs-Merrill Company, Inc., 1965: 89-91.

[6] Sherry R Arnstein. A Ladder of Citizen Participation[J]. Journal of the American Institute of Planners, 1969, 35(4): 216-224.

[7] John David Hulchanski. Citizen Participation in Urban and Regional Planning: A Comprehensive Bibliography[J]. Monticell Council of Planning Libraries, 1977(2):55-61.

[8] James L Creighton. The Public Participation Handbook: Making Better Decisions Through Citizen Involvement[M]. San Francisco: Jossey-Bass, 2005.

[9] Samuel D Brody, David R Godschalk, Raymond J Burby. Mandating Citizen Participation in Plan Making: Six Strategic Planning Choices[J]. Journal of the American Planning Association, 2003(69): 248.

[10] Judith E Innes, David E Booher. Reframing Public Participation: Strategies for

the 21st Century[J]. Planning Theory and Practice, 2004, 5(4): 419.

[11] Diane Day. Citizen Participation in the Planning Process: An Essentially Contested Concept? [J]. Journal of Planning Literature, 1997, 11(3): 421-434.

[12] Peggy Robin. Saving the Neighborhood: You Can Fight Developers and Win! [M]. Rockville, Md.: Woodbine House, 1990.

[13] Bao li. Experiment of housing refurbishment with the concept of levels initiative case study on Ruyi residential quarter in Nanjing[J] // JIA Beisi. Dense Living Urban Structanes[C]. Hong Kong: The University of Hong Kong, 2003

基于 WST 系统的老年人出行辅助模式研究

林岩　鲍莉

自 21 世纪以来，老年人口的迅速增长成为了一个全球性的问题。目前全世界 65 岁以上的老年人已经超过了 3.42 亿，而预测到 2020 年这个数字将会翻倍，达到 7.22 亿。特别是对发达国家来说，伴随着医疗条件和生活品质的提升，老年人口将越来越多。

截止到 2013 年年底，中国人口数量已达到 13.6 亿，而 60 岁以上的老年人口数量约为 2.02 亿，并且这个数字在持续飙升。中国拥有世界上最多的老年人口，并且老年人口增长的速度非常迅速。在 2001—2020 年间，中国的老年人口在以 596 万人/每年的速度增长，到 2021—2050 年间这个速度预计会达到 620 万人/每年，而到 2050 年老年人口将达到 4 亿，占总人口总量的 30%。由此可以看出，中国将面临巨大的养老问题。

养老问题已受到越来越多的社会关注，近年不断出现了一些提升养老环境的对应策略。其中，在城市社区层面上的养老策略研究对提升老年群体的日常生活环境质量具有最普遍的意义。在许多新建养老社区中已在公用建筑、交通道路、室外环境等位置设计了方便老年人使用辅助设施和无障碍通道，但在大部分现存社区中针对老年群体的设计十分欠缺，给老年群体的日常生活带来诸多不便。本文立足于当今社会中的养老问题，深入思考了老年群体日常生活所面临的实际问题和解决方案。

1 老年人出行现状调研

为了真实地了解老年人的生活现状和出行需求，文章以南京浮桥片区为例展开实地调研。浮桥位于南京老城区，集中了南京大量老社区。而相对于新社区来说，老社区集中了更多的老年群体。该区域以学府路、长江路、洪武北路、太平北路为界,总面积为60万 m^2,包含36个社区。这些社区大多数建立于20世纪90年代以前,生活设施条件比较简陋,有大量老年人居住。调研内容主要为社区环境现状、老年人日常活动内容和出行方式(图1-1)。

1.1 老年人日常出行方式

身体健康的老年人在较短距离的日常出行中大多选择步行,由于长距离行走容易体力不支,有些老年人会随身携带可折叠板凳出行,以在途中随时休息。对于失能的老年群体来说,需要借助辅行设施行动,而目前使用最普及的辅行设施为轮椅。根据估算,到2015年60岁及以上的老年人口达到131万,其中有8.95万失能老人,高达7%,这意味着有相当数量的老年人日常行动需要借助于轮椅。而在老人年龄逐渐变大的过程中,随着体力的逐渐衰退,几乎所有人最终都需要全部或部分依赖轮椅的辅助来行动。可见轮椅出行是老年人日常出行方式中非常普遍的一种形式。

1-南京主城区;2-南京老城区;3-浮桥位置 上图:浮桥区位 下图:调研范围
图1-1 调研地区
图片来源:谷歌地图,作者改绘

1.2 老年人独立出行需求

在调研观察中发现,社区之间的街角、河岸边的市民广场、公共公园等位置长期有老年人的聚众社交活动(图1-2)。参加活动的老年人大多身体条件比较好,而且大多数人表明非常喜欢这类活动。同时,调研发现许多老年人坐在自家门口休息、晒太阳(图1-3)。这部分老人大多年纪较大、身体状况欠佳,有些是需要长期使用轮椅的失能老人[①]。经过访谈,得知他们非常喜欢室外活动,但由于行动不便,活动范围不得不缩减。

图1-2 老年人聚众活动

在现代的城市生活中,儿女远离父母外出工作的情况是非常普遍的现象,越来越多老年人面临独立生活的境遇。然而,老年人的外出活动是必不可少的。一方面,老年人需要经常通过户外锻炼晒太阳、接触新鲜空气以保证身体健康;另一方面,老年人需要日常的购物、外出、就医等活动以满足生活的必需;同时,老年人还需要一定社交活动以获得社会认同感和心理安全感。由此可见,老年人独立出行的需求非常明显,但目前很多失能老人的出行活动受到了身体条件的限制。

图1-3 家门口的老年人

① 凤凰网 http://js.ifeng.com/news/province/detail_2015_02_09/3543144_0.shtml

1.3 轮椅出行的问题

虽然轮椅作为一项辅行设施在老年群体当中使用得非常广泛,但它在实际出行使用过程中遇到了很多问题:

(1) 轮椅操作不便。运用轮椅时需要通过臂力带动轮子转动以移动,这项操作对老年人来说比较耗费体力,所以长距离的行动需要借助他人帮助。因此,使用轮椅的老年人很难独立进行稍远距离的出行。

(2) 地面流线不顺。八九十年代建设的居住建筑以五六层高的板式建筑为主,每栋建筑的形体比较长,室外环境也被分割成不连续的长条形。这样形成的社区布局使人在地面的行动路线比较长,社区内部无法形成便捷的流线(图1-4)。对于使用轮椅的老年人来说,即使是直线距离很近的社区内公共空间,也有可能因为流线太绕不易到达。

 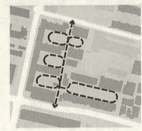 

图1-4　几个社区的流线

(3) 行径中的高差难以通过。轮椅出行对路面的平整程度的要求比较高,即使是几个台阶的高差也可能会对轮椅通行造成阻碍。而现有的老社区中并不是所有的高差位置都进行了完备的坡道设计,无坡道设计的道路比较难以让轮椅直接通过。另外,还有一些活动场地位于建筑高层平台上,场地宽敞、私密性好、安全性高,但由于高处难以到达,老年人使用率很低。

(4) 交通安全无法保障。老社区内部及社区周围的道路宽度较窄,并且路面设计比较简单,很少特殊考虑轮椅通道。由于近年家用车辆大量增多,道路承载能力明显不足,导致了机动车交通堵塞、人行与车行冲突不断、停车占用大量地面空间并影响正常交通等等问题。路况混乱、交通安全无法保障是使用轮椅的老年人不敢独立外出的一个原因(图1-5)。

图1-5　社区内混乱的交通

1.4 调研结论

通过调研可以得到以下结论：

（1）轮椅出行是老年人日常出行方式中非常普遍的一种形式。

（2）老年人独立出行的需求非常明显，但目前很多失能老人的出行活动受到了身体条件的限制。

（3）轮椅在实际出行使用过程中遇到了包括轮椅操作不便、地面流线不顺、行径中的高差难以通过、交通安全无法保障等问题。

由此可见，现有的辅行设施和社区空间环境不能很好地吻合老年人日常生活需求，老年人独立出行的方便程度仍需提高。因此，需要探索构建新的辅行模式以提高老年人独立出行的方便程度，并优化老年人室外活动环境。

2　老年人出行辅助模式——WST系统

为了辅助解决老年群体面临的出行困难的问题，提出设计WST系统——轮椅慢行系统（Wheelchair Slow Transit）作为老年人出行的辅助模式。

2.1　现存的辅行设施对设计的启示

目前，针对老年群体的系统性的辅行设施还没有出现。而其他现存的辅行设施为本设计提供了重要的参考和启发。

局部的轮椅辅助设施已在特定场合为轮椅辅行发挥了一定成效。如设置在地铁站的楼梯升降机，一端固定在楼梯扶手上，另一端设置为撑托轮椅的台板，带动轮椅上下楼梯。而不需要时台板可以收起，不占用交通空间。公交车入口的轮椅辅行装置，运用一个移动台板辅助轮椅无障碍上下车。这两个例子都用了简便的装置针对性地解决了轮椅移动的问题，为WST系统设计提供了参考（图2-1）。

另外，一些服务于普通人的辅行设施为研究提供了参考。在许多机场、景点等公共场合设有水平传送带方便人移动，它具有平稳、舒适等优点，但造价贵、占地面积大、形式单一。用于滑雪场的辅行传送带利用雪与雪橇之间的摩擦和传送带的拉力带动人移动，但使用者需要一定体力和技巧，稳定性比较差（图2-2）。

1-地铁内的轮椅辅行设施；
2-公交车门口的装置
图2-1　现存的轮椅辅行设施
图片来源：百度图片

1-水平传送带；
2-滑雪辅行传送带
图2-2　日常生活中的辅行设施
图片来源：百度图片

现有辅行设施中对轮椅采取的牵引和承托的方法、利用传送装置带动人体运动等技术要点为新辅行模式的建立提供了依据。

2.2 WST 系统概念设计

WST 系统主要包括三部分：支架、传送部件和连接部件。其中，支架是用于支撑整个传送体系的部分，传送部件是带动轮椅移动的运动构件，连接部件是支撑轮椅并连接轮椅和传送部件的构件。

整个系统的移动速度为 3 km/h，与老年人适应的移动速度相符。缓慢的移动速度同时减少了其他年龄群体对这项系统的使用，保证了老年群体的使用专属性。

系统不会占用过多的室外空间，并可以根据环境需求设计为多种不同形式，以提高对实际环境的适应性。本文尝试设计了三种不同的 WST 形式来应对不同的环境条件：扶手型、地轨性和竖向型。

1) 扶手型

扶手型设计将轮椅的传送部件设计为移动扶手，连接部件位于轮椅侧面。使用时，将轮椅移动到靠近系统的适宜位置，将挂钩和轮椅相连。挂钩会在传送扶手缓慢的移动下带动轮椅匀速移动。而到达目的地之后，解开挂钩，轮椅可以再次自由移动（图 2-3）。

这种形式较为简洁，适宜结合现有扶手或建筑外墙设计。扶手本身的生产建设代价都相对较低，因此这种类型的设计比较易于实现。但由于扶手会阻挡流线的穿过，它不适宜设置在穿行流线过多的位置，或较为空旷的地点。

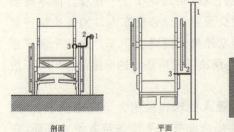

剖面　　　　　平面　　　　　　模型

1-支架,扶手；
2-传送装置；
3-连接部件

图 2-3　扶手型设计

2) 地轨型

地轨型设计将主要的传送设备设置在地下，只有连接吸盘裸露在地面上。当轮椅移动到吸盘之上,吸盘会自动感应并吸附在轮椅底部,沿着预埋在地面上的地轨流线带动轮椅移动(图2-4)。

这种设计将裸露于地面之上的设备减到最少,对地面活动不产生太多影响,几乎可以适应所有类型的环境。但由于设备需要下地,建设成本相较于扶手型来说会高一些。

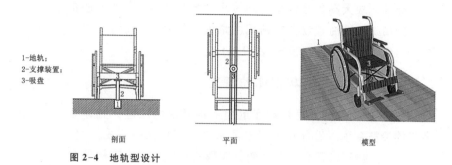

1-地轨;
2-支撑装置;
3-吸盘

剖面　　　平面　　　模型

图2-4　地轨型设计

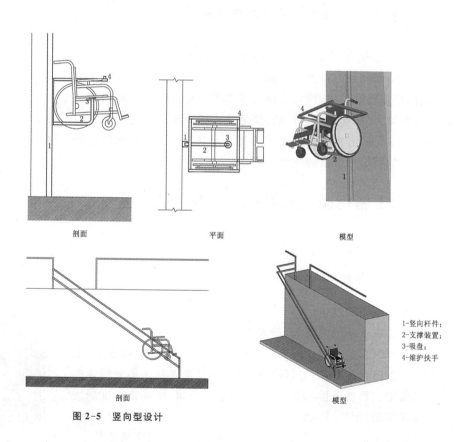

1-竖向杆件;
2-支撑装置;
3-吸盘;
4-维护扶手

剖面　　　平面　　　模型

剖面　　　　　　模型

图2-5　竖向型设计

3) 竖向型

竖向型设计旨在解决不同高差的交通问题,它主要由竖向支撑杆件固定移动方向,以底部吸盘作为主要支撑连接构建。由于竖向传送对安全和稳定的要求更高,将单侧系统支架变为两根,增加支点数量以提高系统的稳定性。在需要跨越台阶的情况下,将竖向支撑杆件设计为顺应台阶的斜向,轮椅背向上行。而遇到较大高差且环境空间较小的情况下,只能进行垂直方向的传送。这时建议在轮椅周围增设维护扶手,减弱老年人在竖向运动过程中的恐惧感(图 2-5)。

2.3 WST 系统对老年群体的意义

WST 系统的设计思想旨在运用一种简单的原理方式建立多变的设施系统。设计规定了三项基本组成框架——支架、传送部件、连接部件,而各个部件的真实形式可以根据实际需要产生更丰富的形态,由此对环境产生更高的适应能力,提高可行性。

WST 系统对老年群体的意义在于:老年人可以因此减少因行动不便而受到的室外活动限制。同时,由于系统的行进速度较慢,使用舒适性强,构件之间连接便捷,大大解决了轮椅使用上耗费体力、操作不便的问题,使老年人独立使用的可能性大大提高。这无形分担了家庭成员照顾老年人的压力,并满足了老年人更加积极独立面对生活的愿望。

3 WST 辅行模式应用——以香铺营小区为例

3.1 社区现状

本文以香铺营小区为例进行 WST 系统应用研究。香铺营小区坐落在蓁巷的西南部,总面积 37 000 m²。该小区建立于 20 世纪 80 年代,是当时比较高档的小区。然而 20 多年过去了,大部分户主已步入老年,社区设施已老旧,无法满足这部分群体的生活需求。希望通过 WST 系统在社区的布置,提高该社区居民的生活质量(图 3-1~图 3-3)。

如总平面所示,社区内共有五个建筑组团和四座独立住宅。在没有任何出行辅助设施的情况下,住在离入口最远的住宅的人需要步行 300 m 走出小区。对于失能人群来说,活动限制于

图 3-1 社区位置

图 3-2 香铺营实景

各个组团之中。

　　社区的主要交通道路为一条"T"型路,它连接了社区的不同入口,为社区主要的车行道路,是老年人活动的不安全区域。在社区里主要有三块老年人集中活动的场地：其中一个是社区北部带有部分运动器材的活动场地,第二个是社区服务中心前的广场,第三个是交易市场的屋顶平台。其中屋顶平台虽然场地宽敞,由于可达性不佳,利用率不是很高。另外,社区内有两条聚集大量室外活动的路径,一条位于服务中心东侧的围墙外,路东布置有宣传栏；另一条是社区西南部两个建筑组团之间的一条林荫道,路面宽敞、景色宜人(图3-4)。

图 3-3　总平面

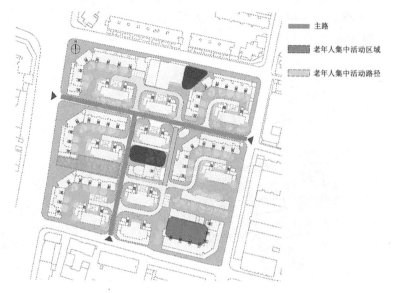

图 3-4　社区现状分析

3.2　WST 辅行模式在社区内的规划应用

　　WST 系统的路径规划原则为：

　　(1) 尽量以最便捷的流线联系老年人活动频率较高的公共场地和路径。

　　(2) 系统尽量连接到每栋建筑,使每户老年人均等享用到该系统提供的便捷。

　　(3) 新建系统的流线尽量避开原有的主要机动车流线,提高系统运行的安全性。

　　针对香铺营小区内老年人喜好的聚集地点和活动路径,WST 系统选取小区东侧和南侧的道路为主要布置路线,联系老年人的主要活动区域,并有意避开了社区内北侧和西侧主要的车行交通道路,以和机动交通形成有效的分流。在形成WST系统的主要流线方向之后,将各个组团与该系统联系起来,尽量使每个住户方便地使用到WST系统。由此将WST系统在社区内布置形成一个完整的交通系统(图3-5)。

系统的三种具体形式可根据小区实际环境情况布置在不同的位置。扶手型设计主要运用在建筑的背立面和院落围墙外侧,结合现有的竖向构件支撑,便于安放扶手;地轨型设计主要设置在建筑入口处和人流聚集较多处,不对正常交通造成影响;竖向型设计用于社区东南角交易市场的屋顶平台与地面的连接,以重新激发屋顶平台的活力。由此,不同形式的WST设备在香铺营社区中按需设置,最大程度地迎合现有环境的需要(图3-6,图3-7)。

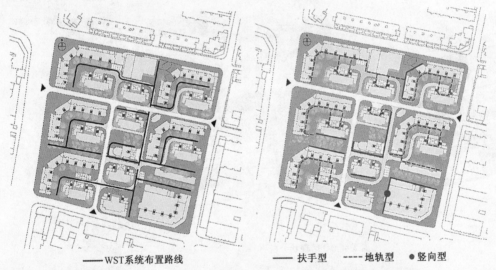

图3-5 WST系统位置

图3-6 3种不同类型设计的运用

图3-7 设想建立WST系统之后的社区实际场景

3.3 WST 辅行模式对社区营造的意义

通过 WST 系统在香铺营小区的建立，希望在以下几个方面为社区环境带来积极的影响：

（1）通过系统建立提高社区现有公共活动场地的可达性，加强几个公共区域的联系。对于社区内原本利用率不高的公共场地，如社区服务中心前广场和菜场屋顶平台，场地的活力可以重新被激发出来，更充分地服务于老年群体。

（2）通过将新设置的 WST 系统和原有交通系统分离，充分挖掘社区交通潜能，构建更完整、更合理的社区交通网络；通过人车分流、人群分流，减少路面冲突，营造更安全的社区交通环境。

（3）WST 系统可以纳入市政设施的一部分，利用于社区内部和社区之间，在更大的范围内形成完整的辅行系统，提升区域老年辅助设施的完备程度。

（4）WST 系统同时作为一项通用性设计成立，不仅服务于老年人，还可以服务于需要在日常生活中使用轮椅的残疾人。

4 研究结论与展望

本文的主要结论有以下几点：

（1）针对老年人独立轮椅出行时遇到的轮椅操作不便、地面流线不顺、行径中的高差难以通过、交通安全无法保障等问题，提出通过构建新的辅行模式以提高老年人独立出行的方便程度，并优化老年人室外活动环境的策略。

（2）通过 WST 系统的概念设计，详细阐释了针对老年群体的辅行模式。WST 系统规定了三项基本组成框架——支架、传送部件、连接部件，而各个部件的真实形式可以根据实际需要，设计成扶手型、地轨型、竖向型等多种丰富的形态，以适应不同的环境。通过 WST 系统的建立，大大解决了老年人使用轮椅过程中耗费体力、操作不便的问题，从而减少老年人因行动不便而受到的室外活动限制。

（3）以香铺营小区为例，展示了 WST 辅行模式在社区内的规划应用。系统布置以社区现存环境为依据，联系主要老年人活动空间，并避开主要车行道路。同时根据现有支撑墙体条件、路面条件、地平高差等因素选择适宜的构件形式。WST 系统的建立为提升现有公共区域可达性、营造更安全的社区交通环境、完善市政设施、加强通用性设计等多方面带来积极的意义。

通过 WST 系统的设计过程，本文深入思考了老年群体日常生活所面临的实际问题和解决方案。该项设计的研究目前尚停留在概念阶段，更加深入而具体的技术路线的解决有待于进一步研究和跨学科的技术支持。希望通过这项老年人辅行模式的研究为实现更完备的养老设施设计、建立更舒适宜居的养老社区环境提供参考。

参考文献

[1] China Municipal Committee for Aging People. China's elderlytoday and future[Z]. Internet Communication, 2011:8-24.

[2] Courtney M, Minichiello V, Waite H. Aged care in Australia: acritical review of the reforms[J]. Journal of Aging Studies, 1997,11(3):230-252.

[3] Eley R, Hegney D, Buikstra E, et al. Aged care nursing in Queensland: the nurses' view[J]. Clin. Nurs, 2007,16(5):860-872.

[4] Flaherty J H, Liu M L, Ding L, et al., China: the aging giant[J]. Journal of the American Geriatrics Society, 2007,55(8):1295-1300.

[5] Fujiwara Y, Shinkai S, Watanabe S, et al. Effects of chronic medical conditions on changes in the higher level of functional capacity in Japanese older-community residents[J]. J. Aging Phys, 2000,8(2):148-161.

[6] Kinsella K, Wan H. The U.S. Census Bureau, InternationalPopulation Reports[R]. Washington, DC: Government Printing Office, 2009.

[7] Mullan B, Budger F. Aggression and violence towards staffworking with older patients[J]. Nurs. Stand. 2007, 21(27):35-38.

[8] Murayama H, Yoshie S, Sugawara I, et al. Contextual effect of neighborhood environment on homebound elderly in a Japanese community[J]. Archives of Gerontology and Geriatrics, 2012,54(1):67-71.

[9] Nachreiner N, Hansen H, Okano A, et al. Difference in work-relatedviolence by nurselicense type[J]. J. Prof. Nurs 2007, 23(5):290-300.

[10] O'Neil SS, Lake T, Merrill A, et al. Racial disparities in hospitalizations for ambulatorycare-sensitive conditions[J]. American Journal of Preventive Medicine, 2010,38(4):381-388.

[11] S rbyea L W, Garms-Homolováb V, Henrardc J, et al. Shaping home care in Europe: The contribution of the Aged in Home Care project[J]. Maturitas, 2009,62(3):235-242.

[12] 王秋慧.上海市无障碍公共交通设施设计研究[D].上海:东华大学,2004:3-18.

[13] Wierucka D, Goodridge D. Vulnerable in a safe place:institutional elder[J]. Can J Nors Adm, 1996(9):82-104.

[14] Zheng C, Jia Y, Songa Y, et al. Aging Beijing: Challenges and strategies of health care for the elderly[J]. Ageing Research Reviews, 2010(9):2-5.

[15] 周勇.探析城市公共空间中公共设施的无障碍设计——以成都为例[J].艺术与设计(理论),2010(5):125-127.

[16] 敖雷.以居住环境优化为目标的老年人行为及需求实证研究[D].南京:东南大学,2013.

附录一：前期深度访谈表

尊敬的＿＿＿＿＿＿＿先生/女士：

  您好！

  首先请原谅打扰了您的工作和休息！

  21世纪，中国迈入了老龄化社会，老年人口的快速增加带来的老年人生活照料、康复护理、医疗保健、精神文化等方面的需求日益凸显，养老问题日趋严重。我国"十二五"规划同时也提出"老有所依，老有所养，老有所乐，老有所学，老有所医"的目标。基于此背景，我们申请到了国家自然科学基金项目"城市智慧型社区居家养老居住模式实证研究——以南京市为例"。此研究课题需要进行城市老年人居住与养老模式的调研研究，希望得到您的支持与帮助。

  本调查承诺结果仅用于研究数据参考，不做任何个体呈现。为了保证研究的科学性，请您如实全面地填写。如果您在填写的过程中有任何疑问，请拨打电话18994083177咨询，我们将为您详细解答。

  为了表示对您的谢意，我们为您准备了一份小小的礼物作为这次调查活动的纪念，敬请笑纳。

  最后，感谢您的支持合作，谨祝您身体健康，阖家幸福！

东南大学"社区居家养老项目研究"课题组

2012年3月30日

基本情况

姓名		年龄		性别		民族		职业（曾经）	
文化程度		爱好		子女人数		家庭常住人口		其他	

A—健康状况

A1 身体状况	1-健康 2-良好 3-一般 4-不好	A2 去医院频率（突发病除外）	1-每月一次 2-三个月一次 3-半年一次 4-每年一次 5-_____	A3 生活能否自理	1-是 2-否
A4 是否有下列疾病	1-心脏病 2-高血压 3-糖尿病 4-关节炎 5-颈腰椎疾病 6-眼类疾病 7-老年痴呆 8-其他				
A5 是否吸烟	1-是 2-否	A6 是否喝酒		1-是 2-否	

B—经济状况

B1 主要生活来源	1-退休金 2-亲属供养 3-劳动所得	B2 是否有养老金	1-是 2-否
B3 主要经济开支	1-饮食 2-医疗保健 3-储蓄 4-日常居住 5-旅游 6-文化娱乐 7-穿着 8-投资 9-其他		
B4 积蓄理财方式	1-存入银行 2-基金 3-股票 4-房产 5-实业 6-其他		
B5 每个月的收入	1-1000以下 2-1000~2500元 3-2500~5000元 4-5000以上		

C—居住情况

C1 所在小区		C2 所住层数		C3 房屋户型	1-1室1厅 2-2室1厅 3-3室2厅 4-_____
C4 上下楼情况	C5 卫生间适合程度	C6 套型居住问题（多选）	C7 套型存在问题（多选）	C8 是否与子女同住	1-是 2-否
1-没问题 2-能将就地上下 3-能缓慢地上下 4-无法上下楼梯	1-适合 2-一般 3-无辅助扶手供老年人使用 4-不适合	1-房间少，安排不下 2-年轻夫妇没有独间 3-老年夫妇没有独间 4-家具放不下	1-房间数少 2-房间面积小 3-采光不好 4-通风不好 5-卫生间面积小 6-厨房面积小 7-阳台面积小 8-储存空间少	C9 是否有钟点工	1-是 2-否

D—意愿需求

D1 希望的养老方式	D2 在哪种情况下会考虑到养老设施居住	D3 您可以接受的养老机构的居住费用	D4 您需要的社区老年设施（多选）	D5 如果社区提供小饭桌服务，收费合理，您会利用吗	1-会 2-不会
1-与儿女共同居住 2-与儿女同一小区但分别居住 3-单独住在自己熟悉的生活圈 4-养老院 5-社区化的居家型老年住宅 6-高档养老设施	1-生活不能自理 2-儿女不在身边 3-老后一人独居 4-找到适合心意的高档养老社区 5-有相互信任的朋友一起入住 6-有良好的社会保障解决后顾之忧	1-每月 少于800元 2-每月 800~1500元 3-每月 1500~2500元 4-每月 2500~4000元 5-每月 4000以上	1-老年活动室 2-日间托老所 3-室外健身苑 4-康复室 5-老年学校 6-老年求助中心 7-医疗保健中心 8-茶室	D6 如果社区提供日托服务，收费合理，您会利用吗	1-会 2-不会
				D7 当前所住的社区活动空间是否能满足平日活动	1-会 2-不会
				D8 是否需要助洁服务	1-会 2-不会

星期一	序号	活动记录(请填写选项序号)		活动场所选项			备注
		活动内容(文字描述)	场所	a－宅内	b－社区	c－社区外	
A－卯 5:00 | 7:00	A1			a1 客厅	b1 社区服务中心	c1 公园/广场	
	A2				b2 日间托老所	c2 银行/邮局/电信	
	A3			a2 卧室	b3 卫生所	c3 医院	
	A4			a3 书房	b4 菜场	c4 幼儿园/学校	
B－辰 7:00 | 9:00	B1				b5 食品/水果店	c5 老年大学	
	B2			a4 餐厅	b6 超市/杂货店	c6 影剧院	
	B3				b7 餐饮店	c7 图书馆	
	B4			a5 厨房		c8 商店	
C－巳 9:00 | 11:00	C1			a6 阳台	b8 宅旁路边	c9 体育馆/健身房	
	C2				b9 小区活动场	c10 美容美发	
	C3			a7 卫生间	b10 小区健身区	c11 养生/保健	
	C4				b11 棋牌室	c12 证券交易所	
D－午 11:00 | 13:00	D1			a8 储藏室	b12 彩票点	c13 餐馆/饭店	
	D2			a9 庭院	b13 药店	c14 药店	
	D3				b14 干洗店	c15 书店	
	D4			a10 ____	b15 ____	c16 ____	
E－未 13:00 | 15:00	E1						
	E2						
	E3						
	E4						
F－申 15:00 | 17:00	F1						
	F2						
	F3						
	F4						
G－酉 17:00 | 19:00	G1			说明: 1-请您根据每天活动如实填写活动记录,记录的时间为周一到周日一个完整的周期。 2-活动内容请直接用文字描述,场所请在"活动场所选项"中选择,填写编号即可。 3-1:00—5:00 属为常规睡眠时间,暂不列入统计。			
	G2						
	G3						
	G4						
H－戌 19:00 | 21:00	H1						
	H2						
	H3						
	H4						
J－亥 21:00 | 23:00	J1						
	J2						
	J3						
	J4						
K－子 23:00 | 1:00	K1						记录日期 __月__日
	K2						
	K3						

附录二：南京市社区与老年居住状况调查问卷

南京市社区与老年居住状况调查

东南大学建筑学院 人文学院
"社区居家养老项目研究"课题组

A—基本情况					
A1 年　　龄		A2 性　　别		A3 民　　族	
A4 子女人数		A5 文化程度		A6 职　　业	
A7 建筑年代		A8 常住人口		A9 所住层数	
A10 居住小区		A11 户　　型		A12 面　　积	

B—健康状况		
B1 身体状况	1-健康　2-良好　3-一般　4-不好	B2 生活能否自理　1-是 2-否
B3 去医院频率(突发病除外)	1-每月一次　2-三个月一次　3-半年一次　4-每年一次　5-	
B4 是否有下列疾病	1-心脏病　2-高血压　3-糖尿病　4-关节炎 5-颈腰椎疾病　6-眼类疾病　7-老年痴呆　8-其他	

C—经济状况			
C1 主要生活来源	1-退休金 2-亲属供养 3-劳动所得	C2 是否有养老金	1-是　2-否
C3 主要经济开支	1-饮食　2-医疗保健　3-储蓄　4-日常居住　5-旅游 6-文化娱乐　7-穿着　8-投资　9-其他		
C4 积蓄理财方式	1-存入银行　2-基金　3-股票　4-房产　5-其他		
C5 家庭月收入	1-1000 以下　2-1000～2500 元　3-2500～5000 元　4-5000 以上		

D　关于您的养老服务需求状况(可多选)

D1. 您目前需要下列哪些养老服务：
　　1-在家养老,子女照顾　　　　　　　2-在家养老,雇请钟点工
　　3-在家养老,雇请保姆长期照顾　　　4-养老院(社区托养服务全托模式)
　　5-不需要别人照顾服务,自己能照顾自己

若您选择了 4,请跳过 D2～D4 题!

D2. 您对下列各项服务的需要程度如何：

	1-完全不需要	2-不太需要	3-比较需要	4-非常需要
1-有专门的服务人员送餐上门				
2-自己去社区养老中心就餐				
3-帮助洗澡理发				
4-家政服务				
5-陪着去医院				
6-夜间陪护				

D3. 假如您哪天不能自理了,您需要下列哪种养老服务：
　　1-在家,子女照顾　　2-在家,雇请钟点工　　3-在家,雇请保姆长期照顾
　　4-养老院(社区托养服务全托模式)　　　　5-征求子女意见

D4. 如果您有入住养老院的打算,您最担心的是：

1-居住设施差　　　2-入住费用高　　　　3-服务质量和态度不好
4-与亲友疏远　　　5-伙食不合口味　　　6-跟其他人关系处不好

E 关于您的社区活动状况（可多选）

E1. 您户外活动的频率是：
　　1-基本不出户　　2-每周1～2次　　3-每周3～4次　　4-每周5～6次
　　5-每天活动1次　　6-每天2～3次　　7-次数不定

E2. 您经常去的户外活动场地有：
　　1-宅前道旁　　　2-小区活动场　　　　3-凉亭长凳
　　4-社区活动中心　5-公园/市民广场　　6-体育场馆

E3. 您从家步行至最常去的户外活动场地大约需要多长时间：
　　1-5分钟　　2-5～10分钟　　3-15分钟左右　　4-大于20分钟

E4. 您能接受的从家步行至户外活动场地需时间是：
　　1-5分钟　　2-5～10分钟　　3-15分钟左右　　4-大于20分钟

E5. 您在户外经常进行什么样的活动：
　　1-休息聊天　2-健身活动　3-带小孩　4-散步　5-棋牌麻将　6-唱歌跳舞
　　7-遛鸟遛狗

E6. 您每天大约什么时候出去活动：
　　1-早饭前　　2-上午　　3-下午　　4-晚饭后

E7. 您每天一般在户外活动的时间：
　　1-1小时之内　　2-1～2小时　　3-2～3小时　　4-3小时以上　　5-不一定

E8. 您觉着您居住的小区及附近哪块户外场地最舒服：
　　1-阳台/露台　　2-楼下空地　　3-小区广场　　4-小区外公园　　5-_____

E9. 您是否愿意与别人共用同一休息长凳：　1-愿意　2-不愿意　3-无所谓

E10. 您认为什么材料的坐椅最舒服：　　　1-木质　2-石材　3-金属　4-塑料

E11. 您认为休息座椅怎么放置感觉比较好？
　　1-单排座　2-面对面　3-背靠背　4-围成圈

E12. 您的小区是否能满足老年人的交往活动：
　　1-能满足　2-基本上满足　3-未能满足　4-完全没有

E13. 您需要的社区老年设施（多选）
　　1-老年活动室　2-日间托老点　　3-室外健身场　　4-按摩康复室
　　5-老年学校　　6-社区食堂　　　7-医疗保健室　　8-茶室

E14. 您所居住的小区有社区老年服务中心吗：　1-有　2-没有　3-不清楚

E15. 您每周大约去社区老年服务中心几次：
　　1-1～2次　　2-3～4次　　3-5～7次　　4-不一定　　5-没有去过

E16. 您需要步行多长时间到达老年服务中心：
　　1-5分钟　　2-5～10分钟　　3-15分钟左右　　4-大于20分钟

E17. 您希望到老年服务中心的步行时间是：

1-5 分钟　　　2-5～10 分钟　　　3-15 分钟左右　　　4-大于 20 分钟

E18. 您经常使用社区老年服务中心的哪些服务：
　　　1-用餐　　　2-体检　　　3-按摩康复　　　4-文体活动(棋牌、歌舞、球类等)
　　　5-咨询　　　6-阅览学习(书报、上网等)

E19. 您希望老年社区服务中心增加一些什么服务：_____

F 关于您的居住状况及需求(可多选)

F1. 您现在所住的套型存在的问题有：
　　　1-房间数少　　2-房间面积小　　3-光线不好　　4-通风不好
　　　5-卫生间面积小　　6-厨房面积小　　7-阳台面积小　　8-储存空间少
　　　9-房间距离远　　10-室内有台阶楼梯

F2. 如果有可能,您最希望增加居室内哪些房间的面积(2～3 个)：
　　　1-进门处　　2-客厅　　3-厨房　　4-餐厅
　　　5-卫生间　　6-卧室　　7-阳台　　8-走道

F3. 您认为需要设置辅助扶手(装在墙上,走路时方便扶着)的地方有以下哪几个：
　　　1-进门处　　2-客厅　　3-厨房　　4-餐厅
　　　5-卫生间　　6-卧室　　7-阳台　　8-走道

F4. 您认为需要设置紧急呼叫器的地方有以下哪几个：
　　　1-进门处　　2-客厅　　3-厨房　　4-餐厅
　　　5-卫生间　　6-卧室　　7-阳台　　8-走道

F5. 如果使用呼叫器,您希望首先与谁取得联系：
　　　1-家人　　2-亲戚朋友　　3-110/120　　4-社区服务中心

F6. 您经常会在什么地方与邻居聊天：
　　　1-楼道内　　2-电梯间　　3-露天平台
　　　4-门厅　　5-自行车库　　6-_____

F7. 您认为住宅楼内和邻居交流的地方最好在：
　　　1-底层　　2-每层　　3-顶层　　4-屋顶　　5-地下室

F8. 您觉得进门处应放置下列哪些物品：
　　　1-挂衣+放鞋的组合柜　　2-鞋柜　　3-地垫　　4-坐凳　　5-镜子
　　　6-装饰品　　7-伞立　　8-垃圾筐　　9-儿童车/轮椅

F9. 进门处存在的问题：1-面积小　　2-光线暗　　3-换鞋不方便　　4-没有问题

F10. 如果客厅的空间足够,除了沙发,您还希望放哪些家居物品：
　　　1-茶几　　2-电视柜　　3-音响　　4-躺椅　　5-装饰柜　　6-书架
　　　7-小冰箱　　8-饮水机　　9-钢琴　　10-牌桌　　11-健身器械

F11. 在家中,您在哪一个房间中度过的时间最长(除去睡觉)：
　　　1-起居室　　2-卧室　　3-书房　　4-餐厅　　5-厨房　　6-卫生间

F12. 您日常在客厅空间进行的活动有：
　　　1-看电视　　2-读书看报　　3-会客聊天　　4-睡眠　　5-其他_____

F13. 如果采光受限制您最希望：1-客厅朝南　　2-卧室朝南

F14. 如有空间，您希望餐厅中除餐桌外设置以下哪些家具：
　　　1-餐桌柜　　2-饮水机　　3-带水槽的备餐台　　4-不放其他家具

F15. 除了餐厅，您还经常在什么空间进餐：
　　　1-厨房　　2-起居室　　3-书房　　4-卧室　　5-阳台　　6-院子　7-_____

F16. 餐厅现状存在以下问题吗：
　　　1-面积小　　2-离厨房远　　3-光线暗　　4-_____

F17. 您日常在餐厅进行的活动有：
　　　1-看电视　　2-读书看报　　3-会客聊天　　4-_____

F18. 您觉得卫生间的位置最应靠近：
　　　1-客厅　　2-卧室　　3-餐厅　　4-书房　　5-厨房

F19. 洗澡的话您希望是哪种方式：1-淋浴　　2-盆浴

F20. 卫生间现状存在的问题：
　　　1-面积小　　2-光线暗　　3-洗澡不方便
　　　4-通风不好　　5-人多，使用时轮不过来

F21. 您希望使用的厨房类型是：1-开敞式　　2-封闭式　　3-半开敞

F22. 厨房现状存在的问题：
　　　1-面积小　　2-光线暗　　3-储藏空间不够　　4-操作台太短
　　　5-操作台高度不合适　　6-厨房不好用

F23. 您日常在卧室里进行的活动（除睡眠）有：
　　　1-看电视　　2-读书看报　　3-工作　　4-会客聊天　　5-_____

我们的调查结束了，谢谢您的参与！

请留下您的地址：_____区 _____街/路 _____
联系电话：_____　　姓名：_____先生/女士

后记

居住是人类生活永恒的主题,而居住环境的建设是一个长期的过程,受历史、社会、经济、技术等诸多因素的影响,我们所面对的生活环境是多重因素叠加的结果。随着社会的发展,人们对生活提出不同的要求,但生活环境难免存在诸多局限,不能满足现时人们的生活需要,尤其是在这个个性化的时代,人们对生活的追求更高也更精细。

随着中国老龄化趋势的不断加快,居住环境与养老需求中间的矛盾也愈加突出。作为建筑师我们关注庞大的老年群体,注意到生活环境与养老需求之间巨大的落差以及现代生活方式与新型家庭模式给养老带来的困境。直面老龄化的社会现实,通过实地调查和分析,我们对南京市城区老年人的生活需求和养老服务设施状况进行了深入的研究和总结,从不同的层面剖析社区居家养老模式所面临的困境,提出整合社区资源、整合智慧化技术手段、进行层级化改造等既有社区适老性更新策略。社区居家养老居住模式是一个跨学科的研究命题,本册结集是课题组研究成果的部分呈现,希冀能抛砖引玉,为创造良好的适老化人居环境尽绵薄之力。

所谓"天下难事必作于易;天下大事必作于细"(老子《道德经》)。研究从调研到写作汇聚了众人的努力,本书从筹划到付梓也历时两年有余,这离不开国家自然科学基金项目"城市智慧型社区居家养老居住模式实证研究——以南京为例"课题组所有参与者的共同努力和付出。除著者外,课题组成员还包括东南大学人文学院龙书芹副教授、建筑学院屠苏南博士和硕士研究生敖雷、朱晓松、李天骄、张思敏等。龙书芹副教授为我们打开的社会学实证研究之窗,使研究得以凭借严谨规范的社会学方法展开调研与统计分析。

研究团队自 2012 年 3 月起依托东南大学建筑学院,结合居住建筑理论课、建筑设计专业课及研究生专业课等教学工作,组织以 2009 级本科生和 2011 级硕士研究生为主的百余人次,对南京市鼓楼、秦淮、玄武及建邺等四城区的数十个居住小区进行问卷调查和实地调研,收集调查问卷共计 1 600 余份,从而为研究获取第一手资料与数据打下了坚实的基础;社会学专业的同学们帮助我们建立庞大的数据库,由此得以开展定性与定量的分析与研究;东南大学城市规划学王兴平教授、社会学何志宁副教授在研究过程中数次针对研究方法及成果进行有益的交流与评点;东南大学建筑学院硕士研究生林岩、韩雨晨、练玲玲等同学也为项目研究及本书的出版辛勤付出,在此一并予以感谢!

本书部分成果来自于 2012 年的中瑞研究生联合工作坊,主题为"混合 & 分散——城市高龄者社区安养概念性策略研究"(*Mixing & Dispersing: Conceptual Solution for Urban Community Aged Care*)。由此,对合作主办该工作坊的瑞典隆德大学住房发展与管理中心的劳拉·路克(Laura Liuke)女士和我们的同事郭菂副教授以及参与工作坊的 2011 级研究生们致以诚挚的谢意!

本项研究需要大量的基层考察与实地调研，研究得以顺利开展离不开多方的支持与配合。在此，需要感谢南京市民政局相关领导给予的大力支持和帮助，感谢爱德基金会无私地共享了基层养老服务工作的经验与体会，感谢先后走访的多家养老服务机构与设施，尤其需要感谢耐心接受我们访问的老人们和社区工作人员，基层的困境、坚守、乐观与智慧以及长辈们的鼓励与温暖是我们前进的最大动力。

最后必须特别致谢东南大学出版社的宋华莉编辑，她的专业精神、严谨热忱和积极督促使得我们的研究成果及时汇总集结成文。

作为阶段性的成果，我们希冀能为有志于老年居住研究的同行们提供不同视角和参照，也恳切希望得到专家和读者的批评与指正。